RÉCITS TIRÉS
DE
L'HISTOIRE GRECQUE

Collection « Mythologies » dirigée par
Claude AZIZA

L'« Entracte » a été imaginé par
Annie COLLOGNAT
Marie-Ange LAMENDE

Marguerite DESMURGER

Récits tirés
de
l'histoire grecque

NATHAN

Composition : POINT•TYPO•GRAPH - 61290 BIZOU

Achevé d'imprimer
par Maury-Eurolivres S.A.
45300 Manchecourt

Dépôt légal : juin 1997.

ISBN 2-266-07556-X

I

IL Y A TÊTE ET TÊTE

— Et toi, d'où viens-tu ? demanda l'Argien à son voisin.

— Je viens de Locres, répondit l'autre en riant.

Dans le stade d'Olympie, le soleil de juillet tape dur. Le calcaire frappé par la lumière blesse les yeux, partout où la foule laisse à nu quelques pouces de la construction. On aperçoit à quelque distance le fronton du temple de Zeus.

Les épreuves de lutte s'achèvent. Plus que deux paires de concurrents et ce sera la fin. Le triomphateur emportera dans sa ville une simple couronne d'olivier, mais une gloire éternelle. Sera-ce l'athlète de Sicyone, dont la carrure monstrueuse projette sur le sable, aux rayons du soleil couchant, une ombre carrée comme celle d'un monument public ? Ou celui qui vient des colonies italiotes, au-delà des mers, le jeune Crotoniate Milon, dont les connaisseurs palpent avec des exclamations les biceps ronds comme des haltères ? On le dit capable d'ouvrir en deux le tronc d'un arbre et de plier entre son pouce et son index une pièce de bronze comme une vieille tripote un abricot sec.

Les paris sont engagés. Pour l'instant, la pause autorise le public à se dégourdir les jambes. Des gamins se glissent dans la foule, offrant de l'eau, du vin, des olives et des pains. Nos trois bavards ont de la chance. Le socle d'une statue leur ménage un coin d'ombre.

— Notre brave ami, reprend l'Argien en désignant son voisin de gauche, vient de Milet. C'est une belle ville, dit-il. Il vend de la pourpre, n'est-ce pas, camarade ? C'est un commerce qui rapporte.

Le Milésien transpire beaucoup. C'est un citoyen corpulent. Il se protège la tête avec un petit parasol.

— Si la pourpre se vendait mal, je ne serais pas ici, mes bons amis, soupire-t-il d'une voix caverneuse. Le passage coûte cher. Mais, une fois dans sa vie, un citoyen grec doit avoir vu les jeux Olympiques. Je l'ai toujours dit à ma femme, ajoute-t-il en étendant une main large comme une assiette. Qu'est-ce qui nous rend supérieurs aux Barbares ? Notre sang grec, n'est-il pas vrai ? Où est-ce que tous les Grecs, où qu'ils habitent, à l'Orient, à l'Occident, se rassemblent une fois tous les quatre ans, entre frères ? À Olympie ! Et c'est un rite tellement sacré que la guerre fait trêve et que les combattants accrochent le bouclier au mur, pour assister aux jeux d'Olympie. Eh bien ! c'est là que le vrai Grec doit se rendre pour se sentir vraiment grec, béni de Zeus, protégé d'Héra. Me voici donc. Mon frère fera marcher la fabrique, et je compte bien que les coquilles à murex continueront à s'entasser dans ma cour comme si je n'étais pas parti. Demagoras de Milet peut s'offrir les jeux Olympiques ! Foi que je dois aux dieux !

— Toi, tu es donc locrien, reprit l'Argien tourné vers l'homme de droite. Tu viens d'Italie. Tu es voisin de ce Milon de Crotone. Ah ! c'est un beau pays, l'Italie. Des bois, du blé, du bétail, de quoi vivre à l'aise. Chez nous, dans cette pauvre Grèce, on s'épuise à tirer du sol plus qu'il ne peut porter. Tu as eu raison, camarade, de t'établir en Italie.

— Le mérite ne m'en revient pas à moi-même, répond l'autre gaiement. Moi, je suis né à Locres, et mon père aussi, et mon grand-père et le grand-père de mon grand-père. Nous descendons de ceux qui fondèrent la colonie, il y a cinq ou six générations d'hommes, de ceux qui, abandonnant la Locride grecque, fondèrent là-bas la ville qu'en souvenir de leur première patrie ils nommèrent également Locres[1].

— Si je ne me trompe, ami, reprit l'Argien, épanoui, on raconte sur cette fondation une assez plaisante histoire. La sais-tu ? Tu devrais nous la rappeler, pour passer le temps.

— Volontiers, cher citoyen d'Argos. C'était à l'époque où les Grecs parcouraient les mers à la recherche de nouvelles patries. Les temps étaient durs alors. Partout le riche opprimait le pauvre, on eût dit que ce sol de notre Grèce, maudit par les dieux, refusait de nourrir ses enfants. Quand on n'a pas de pain, on se querelle. Ce n'étaient partout que discordes, révolutions ; ceux à qui la fortune était contraire équipaient des vaisseaux, chargeaient dessus les images des dieux de la ville et vogue le vaisseau, souffle la brise ! On partait. Heureux si l'on avait quelque idée du lieu où l'on débarquerait, si quelque vieux routier, quelque vendeur de pots, de ces gens qui chargent un bateau avec des coupes et vont vendre leurs poteries jusqu'au fleuve Océan se souvenait d'un bon pays, au-delà des mers, bien gras,

---

1. De nos jours, les émigrants anglais qui peuplèrent l'Amérique du Nord n'agirent pas autrement en appelant leurs villes Nouvelle-York ou Oxford.

où il y aurait de la place et des indigènes pas trop habiles aux armes !

« Ainsi partirent nos Locriens qui n'étaient pas à l'aise chez eux. Ils savaient qu'en naviguant vers le couchant, on rencontrait une grande île, en forme de triangle, notre Sicile, et une terre avant elle, l'Italie, un pays riche et frais, habité par de braves sauvages. Déjà les Grecs installés à Naxos, à Syracuse, à Cumes leur faisaient signe, pour ainsi dire.

« Donc nos braves débarquent au cap que nous appelons aujourd'hui Zéphyrion. Les gens du pays, des pauvres diables de Sicules, mais bien armés, ne leur firent d'abord aucun mal. C'est que nos Grecs s'étaient contentés du rebut. Le cap Zéphyrion, c'est tout os : du terrain pour les chèvres et les casseurs de pierres. Les Locriens ne tardèrent pas à s'en apercevoir. Plus au nord, ils voyaient des collines attrayantes, des oliviers, du blé. C'était tentant.

« Mais les Sicules montraient les dents quand on parlait de partage. C'est à nous, disaient-ils, nous y restons.

« Alors le chef — un habile homme — s'en va trouver les Sicules et leur arrange un joli discours. Pourquoi se faire la guerre quand on peut s'entendre ? Les coups font mal. Eux, les Sicules, ont trop de terres, ils laissent partout les champs incultes. Eux, les Grecs, prendront le surplus, juste ce qui ne sert à personne, et tout le monde vivra en bonne amitié, le glaive au fourreau, dormant sur les deux oreilles.

« Le chef indigène restait méfiant. Il n'aimait guère les grandes épées de nos compatriotes et leurs couteaux de fer pointu.

« — Et quand j'aurai le dos tourné, dit-il, l'épée sortira du fourreau !

« — Je t'engage ma foi !

« — Oh ! ta foi !...

« — Eh bien ! jurons un grand serment, une de ces formules — là — qui engageraient même les dieux. Jurons de rester en bonne amitié tant que nous foulerons la même terre et que nous aurons les mêmes têtes sur nos épaules. Et que la foudre de Zeus m'écrase si...

« Bon ! notre Sicule se laisse tenter. On prend rendez-vous... on jure.

« Et le lendemain, prenant bien leur temps, les Locriens tombent sur les Sicules, les bousculent et les chassent jusque dans les montagnes. Eux, ils s'installèrent à leur place, bien au gras du meilleur.

— Voilà une histoire bien morale ! souffla le Milésien, scandalisé. Et les dieux, qu'est-ce qu'ils en ont dit ? Ça porte malheur de violer un serment.

— Mais ils n'ont pas violé leur serment. Voilà toute l'affaire.

— Comment donc, s'il te plaît ?

— Le jour où ils ont juré le pacte, les Locriens avaient rempli leurs souliers de terre et sous leurs manteaux placé des têtes d'ail.

L'Argien se mit à rire, mais le Milésien devint cramoisi.

— C'est une très vilaine histoire, dit-il.

II

« LA FILLE DU ROI ÉTAIT
À SA FENÊTRE »

Il était une fois... ! (c'est une histoire qui commence comme un conte de fées) un bon roi qui s'appelait Arganthonios. Il habitait loin, au fond des mers occidentales, un pays merveilleux et très riche ; le sous-sol regorgeait d'or et d'argent ; la terre s'y couvrait de fruits et de fleurs et tous ses sujets étaient parfaitement heureux. C'est tout au moins ce qu'on raconte. Il habitait le pays que les gens appelaient Tartessos, et que nous connaissons aujourd'hui pour être l'Andalousie.

Ce bon roi, si parfaitement heureux, s'ennuyait un peu. Les Phéniciens venaient lui rendre visite et la Bible nous raconte qu'ils emportaient de chez lui de fructueuses cargaisons. Mais il aurait aimé à connaître ces Grecs dont on lui racontait maintes merveilles et les Grecs ne s'aventuraient pas de son côté. C'est que ceux-ci, quand ils naviguaient vers l'ouest, n'aimaient guère à dépasser l'Italie. Les barques, non pontées, supportaient mal la haute mer ; les marins n'avaient pas de cartes, tout au plus des descriptions sommaires des côtes qu'on appelait des périples. Il était autrement rassurant de circuler en mer Égée, entre les petites îles, sans perdre la côte de vue ou quasi, plutôt que de se lancer à travers ce large illimité qui s'étendait au-delà de l'Italie. Royaume des monstres et des dieux, pensait-on ! Ulysse, qui, jadis, y avait poussé quelques pointes, ne s'en était pas trop bien trouvé*.

Aussi le bon roi Arganthonios avait-il désespéré de faire apprécier à des Grecs les bienfaits de son hospitalité, quand, un jour, se présenta dans le port un navire étranger. Un pauvre navire, en vérité, des rames brisées, une voile toute déchirée et pendant lamentablement.

Les gamins et les femmes eurent tôt fait de s'assembler au port.

— Il a tout l'air d'avoir essuyé la tempête, disait-on. Une bonne cale de radoub, voilà ce qu'il lui faut. D'où peut-il bien venir ?

Le capitaine qui descendit était un petit Grec, du nom de Colaeos. À vrai dire, il n'avait pas poussé jusque-là de son bon gré. Venu de Samos, il portait des marchandises en Égypte quand, la tempête l'ayant saisi, il avait dérivé jusqu'en Ibérie, à son grand effroi, impuissant à bord d'un bateau transformé en épave.

L'excellent Arganthonios se fit au plus vite amener notre Grec, qui reprenait peu à peu son assurance et sa faconde. Avec de la bonne volonté, on peut s'entendre, même quand on ne parle pas la même langue.

Arganthonios et son hôte s'entendirent si bien que

---

* À lire, dans la même collection, *Contes et récits tirés de L'*Iliade *et de L'*Odyssée.
Toutes les notes précédées d'un astérisque sont des auteurs de l'Entracte.

le bon roi voulait à toute force fixer le Grec auprès de lui.

— Où trouveras-tu, lui disait-il, un aussi bon pays, du blé, des pommes d'or [1], du bétail à foison ?

— J'en conviens, repartait Colaeos, et surtout où trouverais-je un meilleur prince ? Mais j'ai femme et enfants à Samos et tu comprendras bien...

Il fallut donc se quitter. En échange des tissus ou des poteries que contenait encore sa coque malmenée, Colaeos emportait un plein chargement d'or et d'argent, de quoi faire la fortune de toute une ville. « Pourvu, pensait-il, que les dieux me renvoient sain et sauf à Samos ! »

Colaeos avait promis à Héra un bel ex-voto ; c'est pourquoi elle le conserva, et il se présenta un jour, la voile battante et la coque bien remplie, à la bouche du port de Samos. Il en devint, du coup, le citoyen le plus opulent. Pour conserver plus sûrement sa prospérité toute neuve, il eut grand soin de payer à Héra ce qu'il lui devait. Il fit faire un très beau vase d'airain, orné de têtes de griffons, de la valeur de six talents [2], et posé sur trois statues d'airain agenouillées. Puis il l'offrit à Héra, dans son temple. Il se trouvait tellement satisfait de son sort, qu'il refusa tout net de retourner jamais à Tartessos. « Pourquoi courir tant de risques, quand on est si bien chez soi ? » pensait-il. C'était un sage.

Le bruit de son aventure, néanmoins, se répandit promptement sur toute la côte d'Asie Mineure, dans cette Ionie où les peuples de race grecque s'étaient

---

1. Des oranges.
2. Il est souvent question de « talents » dans les comptes des Grecs. Ce n'est pas une monnaie. C'est une unité de valeur qui représente une somme difficile à évaluer en monnaie d'aujourd'hui — on dit parfois 6 000 francs-or — mais considérable.

depuis longtemps établis, et parvint aux oreilles des habitants de Phocée.

Le territoire de Phocée ne suffisait pas à nourrir ses enfants. Or, si les Phocéens se trouvaient mal à l'aise chez eux, ils avaient tous les moyens de chercher mieux ailleurs. Ils possédaient d'excellents navires, longs, étroits, légers, rapides, convenant aux attaques et aux coups de main auxquels devaient s'exposer ceux qui partaient à l'aventure. C'étaient des vaisseaux à cinquante rames, des pentécontores, des bateaux de guerre, en vérité, que les Phocéens avaient adoptés pour tous usages.

Un certain nombre de Phocéens hardis montèrent à bord de ces pentécontores, et ils partirent vers l'Occident à la recherche du royaume de Tartessos. Ils y parvinrent, et retrouvèrent ce bon roi Arganthonios, chargé d'ans et la barbe fleurie, qui leur fit maintes amitiés et force présents. Comme les Phocéens désiraient établir entre l'Asie Mineure et l'Ibérie des ports confortables, où ils pussent s'arrêter et se reposer en route, ils quittèrent de nouveau Tartessos et cherchèrent des pays hospitaliers pour y fonder des colonies.

Ils poussèrent droit sur Cumes, la plus ancienne des colonies grecques en ces parages. Au-delà, doublant le cap qui a conservé jusqu'à nos jours le nom de Circé, ils abordèrent le pays où le Tibre a son embouchure.

Rome vivait alors sous l'autorité d'un roi étrusque. Le roi Tarquin l'Ancien les reçut*. C'était un personnage gros et gras, les yeux sombres et la peau huileuse, comme tous les Étrusques. Il leur fit peut-être

---

* Voir dans l'Entracte, p. X et p. XXXI, comment les derniers des Tarquins (Tarquin le Superbe et ses fils) seront chassés de Rome.

visiter sa petite ville déjà ceinte d'une belle muraille épaisse ; des cabanes rondes et des étables occupaient le sol où, six cents ans plus tard, s'élevèrent les palais des Césars.

Tarquin leur fit sans doute comprendre qu'il n'était pas question de s'établir en un lieu dont il gardait pour lui les avantages. Nos Phocéens remontèrent sur leurs pentécontores.

— En naviguant vers le nord, avait dit le roi étrusque, vous trouverez un bon pays dont les rivages sont habités par des peuples de race ligure, pas trop puissants ni trop nombreux. Il y a beaucoup de terre vierge chez eux.

Les Phocéens arrivèrent à l'embouchure d'un grand fleuve. À la vérité, ils n'en avaient jamais vu d'aussi beau. Habitués aux petits torrents qui se jettent dans la mer Égée, de misérables ruisseaux où dès le mois de mai les chèvres ne se mouillent même pas la barbiche, ils considérèrent avec respect les tourbillons limoneux de ce fleuve étranger. Les eaux se divisaient en plusieurs branches qui serpentaient à travers un désert de cailloux et d'osiers. L'eau çà et là affleurait en étangs sur lesquels se pressaient des nuages d'oiseaux. Des flamants roses se tenaient immobiles et graves sur une patte. Au loin on devinait des collines verdoyantes. Les Grecs se jetèrent le front contre terre et adorèrent le dieu du fleuve. Ils désiraient offrir en son honneur un sacrifice, mais comment l'invoquer puisqu'ils ignoraient son nom ?

Enfin ils aperçurent des huttes installées sur pilotis et des indigènes qui les observaient de loin. Ils s'approchèrent, et eux, impressionnés par ces jeunes gens bien découplés et couverts d'armes brillantes, ne tentèrent ni de s'enfuir ni de résister.

— Ce sont des Ligures, dit un des Grecs qui avait

un peu navigué. Nous sommes au pays des Ligures.

Et rassemblant quelques mots de leur langue barbare, le Grec interrogea les paysans qui demeuraient farouches et réticents.

— Ils racontent que ce fleuve s'appelle le Rhône, que leur tribu est celle des Ségobriges et que leur roi se nomme Nannos. Il habite assez loin d'ici, au bord d'un golfe.

Les Grecs pensèrent peut-être que ces indigènes seraient difficiles à réduire. Quoi qu'il en soit, après avoir poussé une reconnaissance le long des côtes, ils revinrent à Phocée. Ils demandèrent son aide à la grande déesse de la côte d'Ionie : Artémis d'Éphèse. Celle-ci ordonna en songe à une dame de la ville du nom d'Aristarké de se munir d'une statuette de sa déesse et de suivre l'expédition comme prêtresse. Les Phocéens choisirent comme chefs un gros marchand de la ville, Protis, et un de ses amis, Simos, puis ils repartirent.

Ils jugèrent plus sage d'aborder le roi Nannos et de tâcher d'en obtenir de bon gré un terrain pour fonder leur ville. Ce chef habitait, au centre d'une enceinte en pierre sèche, une hutte de rondins, somptueuse pour un Ligure. Si l'on passait à travers les porcs et les chiens qui évoluaient en liberté dans la cour, on ne pouvait manquer de remarquer les étoffes et les fourrures qui décoraient l'unique salle, percée d'un trou dans le toit pour que s'échappât la fumée du foyer.

L'aspect de Nannos n'était pas redoutable, au moins au premier coup d'œil. Petit et brun, les yeux gris, le chef ligure ne payait pas de mine. Un observateur plus attentif aurait remarqué sa musculature redoutable, l'agilité de ses mouvements, l'impression de robustesse animale qui émanait de lui. Il portait au cou un collier d'ambre et de pierres vertes.

Nannos reçut les voyageurs avec courtoisie, s'étonna du long voyage qu'ils avaient accompli et quand ils eurent formulé leur demande :

— Mes hôtes, dit-il en frappant du poing sur la table, nous discuterons plus tard d'affaires. Demain, je célèbre les noces de ma fille. Ne manquez pas, je vous prie, en ce grand jour, de vous asseoir à ma table avec mes guerriers.

— Grand prince, répondit doucement Protis, nous acceptons avec reconnaissance. Nous serons heureux d'offrir à la noble vierge, ta fille, quelques modestes parures comme en portent les femmes de nos pays. Sans doute épouse-t-elle quelque grand chef ?

— Hé, mes hôtes, répliqua le roi, vous ignorez la coutume de nos pays. Gyptis choisira son époux elle-même. Elle passera autour de la table où je réunis la fleur des guerriers et offrira à boire à celui qui lui plaira.

Étrange coutume ! pensèrent les Grecs, habitués à mener eux-mêmes leurs filles dans la maison d'un époux choisi par eux. Mais ils se gardèrent d'exprimer leurs réflexions.

Le lendemain, ils s'assirent à la table du roi et attendirent avec curiosité le moment décisif. La fiancée entra. Elle était petite et bien faite. Une coupe remplie d'eau à la main, elle se tenait immobile et le silence s'établit quand on la vit paraître. Elle se mit doucement en marche, s'approcha de la table et lentement en fit le tour. À mesure qu'elle dépassait chaque convive, de son pas mesuré et prudent, l'étonnement et le regret grandissaient dans les yeux de plus d'un jeune homme.

Soudain Protis vit la coupe devant lui. Il sursauta. Quelle était cette erreur ? ou cette raillerie ? Gyptis, debout à son côté, se taisait, les yeux baissés. Elle avait les mains vides.

Nannos ratifia volontiers le choix de la jeune fille. Il lui donna en dot un vaste emplacement au bord de la mer. La rade était profonde et facile à aménager. Protis n'eut qu'à remercier les dieux. Là, aujourd'hui, s'élève Marseille.

À vrai dire, les Ligures n'eurent pas non plus à se plaindre des Grecs. Ceux-ci leur apprirent à tirer meilleur parti de leurs terres, l'art des fortifications, à tailler la vigne, à planter l'olivier, et tout le monde fut heureux tant que vécut Nannos.

Quand le bon roi mourut, son fils Comanos lui succéda, qui n'était pas, à beaucoup près, loyal comme son père. Il écoutait volontiers les conseils d'un Ligure qui lui raconta un jour un petit apologue.

— Une chienne, dit-il, demanda au maître d'un domaine de lui prêter une étable quelque temps.

« — Mes petits vont naître, dit-elle, ils mourront de froid cet hiver glacé, accorde-nous un coin dans la paille.

« — Soit, dit le brave homme, entre, installe-toi.

« Quelques jours plus tard il revint. Six chiots nouveau-nés dormaient le nez contre leur mère.

« — Faut-il m'en aller ? soupira la chienne. Vois comme ils sont faibles encore. Laisse-moi les nourrir quelque temps.

« Six mois après, comme elle était toujours là, le maître réclama son étable. La chienne se leva, entourée de six jeunes dogues montrant les crocs, et répondit :

« — Viens me chasser d'ici, si tu l'oses. L'étable est à moi.

Comanos comprit que son ami voulait parler des Grecs et resta songeur.

À quelque temps de là les Phocéens célébrèrent la fête des Floralies et beaucoup de Ligures témoignèrent d'un grand désir d'être invités. Les Grecs, fiers de montrer leur jeune prospérité, acceptèrent avec joie et reçurent à l'intérieur de la nouvelle ville un grand nombre d'hôtes. Les Ligures offrirent de couper des joncs, des branches et des fleurs et firent pénétrer dans les murs quantité de charrettes pleines de feuillage.

Comanos avait un frère. Ce frère avait une fille et cette fille aimait un Grec. Trompant la surveillance paternelle, elle rencontrait parfois le jeune homme et ne songeait qu'à échanger la vie rude et grossière de sa tribu pour l'état honorable d'épouse d'un Grec. Or, le matin des Floralies, le fiancé vit arriver sa bien-aimée, le visage bouleversé.

— Vite, chuchota-t-elle, vous êtes en grand péril. Mon oncle Comanos veut vous massacrer tous. Il s'est caché dans les garrigues avec son armée. Les charrettes sont pleines de soldats, couchés sous les feuillages ; chacun de vos hôtes porte ses armes sous sa robe de fête. À la nuit, quand vous serez tous ivres, les Ligures vous égorgeront.

Le jeune homme courut avertir Protis ; les conjurés découverts furent passés au fil de l'épée. On dit que Comanos périt avec 7 000 de ses guerriers.

C'est pourquoi ce fut une loi dans la ville de Marseille de fermer les portes aux jours de grandes fêtes et de placer des sentinelles sur les murs.

III

L'ENFANT AU COFFRE

Corinthe aujourd'hui est une bourgade blanche et poussiéreuse, tout endormie au bord de son célèbre canal. La mer traverse l'isthme taillé à pic ; paquebots ou cargos avancent lentement sur l'eau qui se fend avec un bruissement de soie froissée, tandis qu'ils passent de la mer Ionienne à la mer Égée. Trois colonnes, restes de la splendeur de Corinthe, résistent aux rafales du vent qui balaye l'isthme, tandis que, très haut dans le ciel, la montagne dont les Corinthiens avaient fait leur citadelle, l'Acrocorinthe (la Haute Corinthe), dresse son sommet en forme de cimier.

Corinthe, il y a vingt-cinq siècles, était une puissante cité. Sur l'isthme encore intact passait la route des échanges entre la Grèce du continent et le Péloponnèse. Les marchandises payaient des droits ; les voyageurs s'arrêtaient dans la ville. Corinthe regorgeait d'or, et ses princes rayonnaient de gloire.

Alors régnait sur Corinthe la famille des Bacchiades, ainsi nommée d'après son ancêtre Bacchis. Ces princes, craignant d'associer qui que ce fût à leur puissante tribu, refusaient de marier leurs filles en dehors de leur famille. Les jeunes Bacchiades épousaient leurs cousines et le sceptre se transmettait ainsi sans discussion au sein de la famille.

Cependant naquit une petite Bacchiade que les dieux n'avaient guère favorisée. La pauvre enfant était boiteuse, ses genoux étaient cagneux, ses jambes arquées. Les railleurs la nommèrent Labda, du nom d'une lettre grecque dont la forme rappelait celle des jambes de la malheureuse. Aucun de ses cousins ne consentit à la prendre pour femme. Belle épouse ! en effet, et propre à flatter l'orgueil de sa famille qu'une fille disgraciée, dont les enfants seraient peut-être infirmes à leur tour. Pour se débarrasser d'elle, les Bacchiades firent exception à leur règle et marièrent Labda à un simple citoyen, brave homme de la campagne, qui s'appelait Éétion.

Les époux se seraient contentés de leur modeste bonheur si les dieux leur avaient accordé un enfant. Mais leurs prières restaient vaines. Labda se désolait et ses yeux s'emplissaient de larmes quand ses voisines berçaient leurs gros poupons sous les figuiers de leur jardin.

— Envoie donc ton époux consulter la Pythie, lui disait-on. Si elle t'annonce un enfant, tu attendras patiemment dans la joie. Sinon, tu te résigneras à la volonté des dieux et tu retrouveras la paix.

Éétion partit donc, passa l'isthme, suivit la route de montagne, parcourue par les ambassades et les pèlerins, qui mène au sanctuaire d'Apollon, et se présenta devant la Pythie. La vieille prophétesse ne lui laissa pas le temps de formuler sa question. Dès qu'elle le vit entrer :

— Éétion, s'écria-t-elle, tu n'es honoré de personne, et pourtant tu aurais bien des titres aux honneurs. Tu recevras bientôt de Labda une grosse pierre qui écrasera les tyrans qui gouvernent Corinthe.

Éétion, perplexe, rentra chez lui. Anxieux de se

faire expliquer la prophétie, il la colporta de tous côtés, si bien qu'elle parvint aux oreilles des Bacchiades. Ces princes, plus subtils que le brave homme, eurent tôt fait d'interpréter l'oracle : « Labda donnera à son époux un fils qui écrasera les Bacchiades. » Bien d'accord là-dessus, ils hochèrent la tête et se regardèrent en silence.

Bientôt l'heureuse Labda mit un fils au monde. Sa joie fut immense et le brave Éétion, qui se joignait de grand cœur aux transports de sa femme, après avoir bien contemplé son nouveau-né, et remercié les dieux, partit annoncer la nouvelle à ses amis et les inviter au festin de naissance.

On frappe à la porte. Qu'est-ce donc que cette troupe de gaillards en tuniques grossières ? Ils ont de hautes ceintures, des chaussures cloutées ; leur teint, leurs traits décèlent une origine étrangère.

— Que désirez-vous, citoyens ? demande la servante.

— Ton maître est-il à la maison ?

— Il est sorti.

— Nous sommes au service de ton maître ; nous travaillons sur un de ses chantiers dans les collines. Nous avons convoyé du bois pour le temple qu'on construit sur la place et nous serions contents de voir son fils et de féliciter notre bonne dame.

La servante les introduit auprès de sa maîtresse. Le nouveau-né est là, endormi dans son berceau d'osier. Labda est toute surprise ; elle ne connaît pas ces hommes-là, mais comment rebuter ces braves gens qui, le sourire aux lèvres, bénissent les dieux et la félicitent ?

— Comme il est beau, ce garçon ! disent-ils.

Labda est toute prête à les croire.

— Comme il doit être lourd !

Oh ! pour cela, elle en est bien persuadée et comment refuser de le leur laisser prendre ?

Le plus âgé d'entre eux, qui paraît leur porte-parole, se penche ; il saisit l'enfant dans sa bercelonnette. Il resserre sur lui l'étreinte de ses grosses pattes velues.

— Doucement, mes amis ! s'écrie la mère.

Doucement ! De quelle douceur est-il capable, ce colosse étranger ? Que veut-il faire de cet enfant qu'il regarde d'un air avide et peut-être méchant ?

Pourtant que se passe-t-il ? Ses yeux fixés sur le nouveau-né clignotent, leur regard vacille et s'adoucit. C'est que le tout-petit, l'enfant impuissant et misérable, s'est éveillé. L'homme et l'enfant se regardent quelques instants et soudain le petit visage se détend, un merveilleux sourire s'épanouit sur ses lèvres, sourire de confiance, de tendresse, de joie. Ses mains roses s'agitent. On dirait qu'il attend une caresse. Le géant barbu se détourne ; il essuie les gouttes de sueur qui subitement perlent à son front. Il ouvre la bouche, il la referme. Il tend le bébé à l'un de ses compagnons et à voix basse :

— Prends-le, dit-il, je ne peux pas.

L'autre saisit l'enfant, il hausse les épaules. L'enfant repose sur son bras, rose et joyeux.

— Moi non plus, murmure l'homme. Tiens, toi ! et il se tourne vers un troisième.

Mais le troisième à son tour secoue la tête. Promptement il dépose l'enfant dans son berceau, et la troupe, faisant demi-tour, s'éloigne.

Labda est pâle, son cœur bat. Quelle étrange visite ! pense-t-elle. Qu'ont-ils dit ? Que prétendaient-ils faire à son enfant ? Mais sont-ils bien partis ? Elle se glisse sans bruit jusqu'à la porte et par le guichet, elle les voit. Ils ne sont pas partis, ils discutent ; elle écoute, et ce qu'elle entend la glace de frayeur. Ils se querellent et s'accusent les uns les autres.

— Tu es un lâche, dit l'un.

— Et toi, es-tu plus courageux ? riposte l'autre.

— Que va dire le roi ? Il nous fera tous fouetter à mort si nous ne lui rapportons pas le corps de cet enfant.

Labda en a bien assez entendu. Elle se jette sur son fils et tandis que les meurtriers frappent à tour de bras à sa porte, elle glisse le bébé dans le coffre à blé, jette sur lui le couvercle et fait face au danger.

Ils auront beau enfoncer la porte, tempêter, fouiller, elle ne parle pas, elle reste immobile et priant tous les dieux.

« Pourvu que mon enfant ne crie pas, pense-t-elle, pourvu qu'ils n'ouvrent pas le coffre à blé ! », et chaque fois que les assassins frôlent la cachette où elle a enfermé son trésor, son cœur s'arrête : « Grands dieux ! »

Mais les dieux ont eu pitié d'elle. La voix d'Éétion retentit dans la cour. Il revient, accompagné de ses bons voisins et amis. En un clin d'œil, la maison se vide de ses envahisseurs. L'enfant est sauvé !

En souvenir du coffre qui préserva sa vie, ce coffre que les Grecs appelaient Kupsas, le bébé reçut le nom de Kupselos.

Devenu grand, il accomplit l'oracle et chassa les Bacchiades qui avaient tenté de le faire périr.

IV

UNE BIEN CURIEUSE CITÉ

Au cœur du Péloponnèse une petite plaine s'étend, où coule un fleuve bordé de roseaux, l'Eurotas. Des montagnes la dominent, et l'hiver la neige couvre les sommets du Taygète. C'est la plaine de Laconie. Aujourd'hui, le voyageur qui visite ces lieux n'y retrouve aucun monument. Pas une colonne de temple, pas un gradin de théâtre, pas une statue à demi ensevelie dans le sol ne permet de croire qu'en ces lieux s'éleva une puissante cité. Cependant, c'est l'emplacement d'une des plus illustres villes de Grèce, la rivale d'Athènes, la redoutable Sparte qu'on nommait aussi Lacédémone.

N'avez-vous jamais entendu dire, à propos d'un jeune homme courageux, qui se refuse le moindre plaisir pour ne songer qu'à son devoir : « C'est un véritable Spartiate » ? N'a-t-on jamais parlé devant vous d'une « éducation spartiate » ? Et lorsque quelqu'un s'exprime brièvement, nous le taxons de laconisme, n'est-il pas vrai ? Ce sont là des allusions aux mœurs des Lacédémoniens. Il faut croire que ces mœurs étaient bien singulières. On pense que Sparte leur dut sa gloire et sa puissance. Le moins qu'on en puisse dire, en tout cas, est qu'elles excitèrent la curiosité du monde grec, que de nombreux écrivains nous racontèrent ce qui se passait à Sparte et qu'on avait plaisir à rapporter sur ses habitants mille historiettes émouvantes ou drôles.

On disait qu'en un temps si ancien qu'on en avait perdu la mémoire, Sparte était gouvernée par des rois, descendants du héros Héraclès. Mais ces princes avaient bien dégénéré depuis leur ancêtre ; ils gouvernaient mal le peuple qui leur était confié. Ce peuple tomba dans le désordre ; on se battit dans les rues et en voulant séparer deux citoyens qui se querellaient, le roi Eunomas reçut un coup de couteau et mourut.

Il laissait deux fils, Polydecte et Lycurgue. Polydecte, l'aîné, succéda à son père, mais, par un mauvais hasard, le suivit bientôt dans la tombe, laissant un bébé qui venait de naître. La veuve de Polydecte, une méchante femme, offrit à son beau-frère de faire disparaître le petit enfant, héritier du royaume, à condition que Lycurgue l'épousât elle-même. Il serait ainsi devenu roi. Mais Lycurgue donna une première preuve de sa vertu en repoussant cette proposition infâme. Il confia l'enfant à des gens sûrs et lui-même, craignant la calomnie et que, s'il arrivait quelque malheur à son neveu, il n'en fût accusé, partit pour un long voyage.

Il visita la Crète, l'Asie Mineure, l'Égypte et, quelques-uns l'affirment, il poussa jusque dans l'Inde. Partout, il observa la forme des gouvernements, les lois et les usages, s'entretint avec les vieillards, les sages et les magistrats, se formant une opinion sur le meilleur gouvernement des peuples.

Bientôt les Spartiates, mécontents de l'état de leur cité, le prièrent de rentrer à Sparte et lui offrirent toute liberté pour réformer les lois. Après avoir sacrifié aux dieux et demandé à Delphes l'autorisation d'Apollon par l'intermédiaire de la Pythie, Lycurgue composa les lois qui portèrent son nom et assurèrent à Sparte, avec sa gloire, une originalité dont le souvenir est parvenu jusqu'à nous.

Lycurgue reprit toutes les terres à leurs légitimes possesseurs. Elles furent toutes mises en commun, les grasses et les maigres, les pierrailles, les marécages, les forêts et les beaux champs qui, en été, se couvrent de moissons. Il les partagea en parties égales et les distribua à chaque citoyen. Même alors, ces citoyens n'avaient pas le droit de les cultiver eux-mêmes. Les Hilotes étaient là pour le faire, ce peuple que les Lacédémoniens avaient réduit en esclavage à perpétuité. Le citoyen, lui, ne s'occupait que de la guerre ou de gouverner le pays.

À Lacédémone, on ne pensait qu'à vivre en soldat, qu'à préparer, à faire la guerre, pour conquérir des terres, ou même simplement pour s'attirer de la réputation.

On se moquait beaucoup en Grèce de la vie que menaient les Lacédémoniens, vie rude, sportive, austère, d'où tout superflu était banni. Aucun artisan, brodeur ni joaillier, ne vivait à Sparte où il n'aurait trouvé nul client pour ses ouvrages. Vêtus de laine grossière, les hommes passaient la journée en commun, et mangeaient en commun, par groupes d'une vingtaine, un repas frugal dont le plat principal était le fameux brouet noir. C'était une bouillie de céréales que les Spartiates préféraient à tout, au point même que les vieillards cédaient aux jeunes gens leur part de viande contre une écuelle de brouet noir. Tout le monde n'était pas de cet avis, il faut bien le dire. On dit que le riche tyran de Syracuse, Denys, sur qui les Grecs racontaient tant d'anecdotes, fut curieux, un jour, d'en goûter. Il acheta un cuisinier lacédémonien et se fit préparer un brouet à la lacédémonienne, sans rien épargner pour qu'il fût excellent. Il n'en eut pas plus tôt une cuillerée dans la bouche qu'il la recracha.

— Pouah ! s'écria-t-il, comment les Spartiates peuvent-ils apprécier un plat aussi détestable ?

— Pour l'apprécier, Sire, répondit le cuisinier, il faut d'abord, après avoir pris un bon exercice — à la laconienne —, s'être jeté dans l'eau glacée de l'Eurotas.

Le parfait Spartiate était avant tout un parfait soldat. Lycurgue avait tant de confiance dans la valeur de ses concitoyens qu'il défendit de bâtir des murailles à Sparte.

— Voilà les murailles de Sparte, disait un de ses rois, en montrant les Spartiates armés.

Et un autre à qui l'on demandait jusqu'où s'étendait le territoire de Sparte :

— Jusqu'où porte ce javelot, dit-il en lançant l'arme qu'il tenait à la main.

Les soldats marchaient au combat en cadence, au son des flûtes, et c'était, paraît-il, un spectacle des plus émouvants que de voir s'ébranler cette phalange de guerriers superbes, qui chantaient joyeusement en se précipitant à la mort. Leur roi marchait à leur tête. C'était un grand honneur que d'être admis à ses côtés. On réservait souvent cette gloire à un athlète, vainqueur aux Jeux. Un jour, pendant les jeux Olympiques, un concurrent offrit à un gymnaste spartiate une grosse somme d'argent pour qu'il se retirât de la lice où il allait probablement triompher. Le Spartiate refusa la proposition, combattit et triompha, remportant, au lieu de l'argent que lui aurait valu une tractation malhonnête, la simple guirlande d'olivier qui couronnait les vainqueurs olympiques. Après la proclamation des résultats, il fut accosté par le tentateur de la veille qui lui dit avec dépit :

— Tu aurais mieux fait d'accepter ma proposition.

Aujourd'hui, tu serais riche. Qu'as-tu gagné à ta victoire ? Une branche d'olivier !

— Comptes-tu pour rien, répondit noblement l'athlète, l'honneur de marcher au combat le premier, à côté du roi ?

C'est toujours une honte pour un soldat que de s'enfuir, mais, pour un Lacédémonien, c'était une tache ineffaçable. Nous verrons bientôt comment les trois cents Spartiates que commandait Léonidas affrontèrent sans broncher une mort inévitable.

Un étranger rencontra un jour un Lacédémonien boiteux qui se préparait à partir pour la guerre.

— Eh ! mon ami ! lui dit-il, que peux-tu faire sous les armes ? Demande au moins un cheval.

— Qu'en ferais-je, étranger ? répondit le boiteux. A-t-on besoin à la guerre de gens qui aient le pied léger ? Si je tiens ferme à mon poste, on ne m'en demande pas plus.

— Comment, disait-on à un autre, as-tu acquis une si grande réputation militaire ?

— En méprisant la mort, répondit-il simplement.

C'est que les excès de parole n'étaient point admis à Lacédémone. Lycurgue tenait l'art de parler en grand mépris. Point n'est besoin, pensait-il, de beaucoup dire, quand on a raison, et quand on a tort, mieux vaut se taire. Aussi plaisantait-on beaucoup les Spartiates sur la brièveté de leurs discours. C'est ce que nous appelons encore le laconisme. Les enfants prenaient de bonne heure l'habitude du silence ; et quand, devenus plus grands, ils recevaient la permission de parler en public, on les priait de renfermer en peu de mots l'essentiel de leurs réflexions.

Agésilas, roi des Spartiates, entendait un jour discuter des étrangers :

— Comment peut-on, disaient-ils, acquérir une grande réputation et ne pas la démentir ?

Sur ce, ils disputaient avec beaucoup d'éloquence. Agésilas écoutait en silence. Bientôt se tournant vers lui :

— Qu'en penses-tu, s'écria l'un des discoureurs, toi qui ne dis mot ?

Alors, ouvrant la bouche :

— Dis tout bien, répondit le Lacédémonien, et fais mieux encore.

Ce même roi, un autre jour, recevait un ambassadeur. L'envoyé s'expliqua longuement, proposa, exposa puis, attendant toujours une réponse qui ne venait pas, il demanda aux Spartiates avec quelque impatience :

— Veuille bien me dire ce que je dois répondre à ceux qui m'envoient.

— Dis-leur que tu as parlé et que je ne t'ai rien répondu.

Les Spartiates, est-il besoin de le dire, méprisaient de tout leur cœur ceux qui mentaient ou trahissaient de quelque façon. Ils hésitaient même, dit-on, à utiliser leurs services. Un transfuge offrit un jour de conduire un groupe de soldats spartiates jusqu'à la citadelle de ses propres concitoyens. Le Sénat de Lacédémone enjoignit le jeune prince Agis de choisir une centaine des meilleurs guerriers et de suivre le traître ennemi.

— Est-il raisonnable, seigneurs, dit le jeune homme, de confier le salut de nos vaillants soldats à un misérable qui trahit sa propre patrie ?

Il faut bien penser que, dès leur naissance, les enfants spartiates recevaient une curieuse éducation... À leur naissance, ils étaient lavés dans le vin. Les nourrices spartiates affirmaient que les enfants mal constitués ne résistaient point à ce bain énergique. C'était tant mieux, pensaient-elles, si les nourrissons chétifs ne survivaient pas. Les petits Spartiates n'étaient point emmaillotés. Ni bandages ni langes serrés ; ils gigotaient à l'aise ; c'était fort agréable et fort sain pour eux, mais au moindre cri... gare ! Il n'était pas question non plus de pleurnicher sur la bouillie ou de réclamer qu'on allumât la lampe la nuit.

À sept ans, le petit garçon quittait sa mère ; il rejoignait ses camarades et, sous la surveillance des jeunes gens, apprenait à obéir avant de commander. Dès qu'il reconnaissait ses lettres, on jugeait qu'il en savait suffisamment ; mais à faire des armes, monter à cheval, marcher, nager, il n'était jamais assez exercé. Pieds nus, la tête rasée, vêtus d'un méchant manteau l'hiver et parfois nus l'été, toujours sales, ils exécutaient sans broncher n'importe quel ordre et, la nuit, couchaient sur des roseaux cueillis au bord de l'Eurotas avec leurs mains nues, sans même qu'il leur fût permis de se servir d'un couteau. Plus ils étaient maigres, plus ils étaient agiles, pensait-on ; aussi leur nourriture était-elle misérable. Pour satisfaire leur appétit, ils n'avaient qu'à voler. Tant mieux s'ils réussissaient leurs larcins, mais s'ils se faisaient prendre, ils étaient impitoyablement fouettés, si fort même qu'un enfant ayant un jour caché sous sa tunique un renard qu'il avait dérobé, préféra se laisser lacérer la chair par l'animal plutôt que de se trahir.

De telles pratiques, il faut bien l'avouer, nous révoltent. D'autres méritent notre admiration. Nulle part plus qu'à Sparte les vieillards n'étaient honorés. Rester assis devant un homme plus âgé que soi passait pour infamant. Un jour qu'on proposait à un jeune Spartiate blessé de le transporter dans une litière :

— Jamais ! s'écria-t-il. Je ne pourrais me lever devant un vieillard.

Telles furent les institutions de Lycurgue. On pourrait croire que ce législateur était un homme bien sévère. Au contraire, il passait pour être fort gai et volontiers spirituel. Il voulut que, dans les salles de repas, on plaçât une statue du dieu Rire. C'était une bonne idée. Quand il eut terminé son travail, Lycurgue assembla tous les citoyens. Il les exhorta à observer fidèlement les lois et les coutumes qu'il leur avait imposées.

— Elles sont dures, leur dit-il, mais elles vous donneront la vertu, et, si vous demeurez vertueux, vous serez heureux. Jurez de les respecter, au moins jusqu'à ce que je revienne.

Tous jurèrent, et Lycurgue partit.

Il se rendit à Delphes et demanda au dieu si ses lois étaient bonnes.

— Parfaites, répondit Apollon ; tant que Sparte les conservera, elle effacera la gloire de toutes les autres villes.

Lycurgue mit cet oracle par écrit et le fit parvenir à Lacédémone, puis il embrassa ses amis et son fils, les renvoya et se résolut à mourir, afin que ses compatriotes ne se trouvent jamais déliés de leur serment. Il refusa de manger et s'éteignit à la fleur de l'âge. Ses os furent rapportés à Lacédémone et l'on raconte que la foudre tomba sur sa sépulture, signe que les dieux réclamaient pour eux cet emplacement sacré.

V

DES GRECQUES COMME
IL N'Y EN AVAIT PAS D'AUTRES

C'était une vie bien curieuse que celle des Lacédémoniens. Ils avaient besoin de mères et de femmes à leur mesure et sur les Lacédémoniennes on ne racontait pas moins d'anecdotes que sur les Lacédémoniens.

Il faut dire qu'à cette époque, dans tout le reste de la Grèce, les dames de la bonne société vivaient dans la modestie et la réclusion. Enfermées dans un appartement séparé, le gynécée, elles passaient chez elles la plus grande partie de leur temps ; elles filaient, tissaient, préparaient les provisions du ménage et ne sortaient guère qu'accompagnées d'une servante. Leurs longues robes, leurs chaussures délicates ne leur permettaient aucun exercice. La dignité et la discrétion étaient tout leur idéal. Elles ne paraissaient pas aux réunions et aux fêtes des hommes et, dans les lieux publics, le moins possible.

Lycurgue, lui, avait pensé que pour mettre au monde des hommes vigoureux et les élever sans faiblesse, il fallait des femmes de même trempe, dont le corps et l'âme fussent durcis par les exercices gymniques et une éducation virile. Il n'avait peut-être pas tort.

Les jeunes filles de Sparte portaient une robe courte, arrêtée au genou et serrée par une ceinture. Les autres Grecques se moquaient beaucoup de leurs mollets nus. Le tir à l'arc ou au javelot n'avait pas de secrets pour elles ; nager, courir, lancer le disque, elles y étaient habiles comme les garçons. Artémis était leur déesse, la chasseresse que l'on représente volontiers l'arc en main, vêtue de la courte tunique laconienne. De temps en temps, elles se réunissaient, face aux garçons de leur âge, et se moquaient d'eux en chansons. Ceux qui leur plaisaient, qui s'étaient distingués par leur audace ou leur adresse, elles les couvraient de louanges, et ils se sentaient bien fiers ; mais les maladroits, les pleurnichards, les paresseux, elles les poursuivaient de leurs railleries et la foule se moquait d'eux avec elles. Ainsi, plus tard, quand elles se mariaient, avaient-elles beaucoup d'influence sur leurs époux. Une étrangère disait un jour avec un peu d'envie à Gorgô, épouse de Léonidas :

— Vous autres, Spartiates, vous commandez aux hommes.

Elle répondit :

— Il faut bien dire aussi que nous sommes les seules qui mettions au monde des hommes.

On célébrait partout le soin qu'elles prenaient de leur maison et la fermeté de leur caractère.

Elles savaient aussi élever leurs enfants dans les principes qu'elles avaient reçus elles-mêmes et la tendresse maternelle ne triomphait pas chez elles de l'appel du devoir. L'une apprit que son fils avait déserté et trouvé un asile dans une cité étrangère ; elle lui écrivit : « Mon fils, il court un méchant bruit sur toi. Fais-en justice ou débarrasse-toi de la vie. » Une autre reçut un de ses frères au retour du combat. Il lui apprit en pleurant que son autre frère était mort :

— N'as-tu pas honte, lui dit-elle, de ne pas l'avoir accompagné dans un si beau voyage ?

Un jeune homme se plaignait à sa mère :

— Comment atteindrai-je les ennemis, disait-il, mon épée est trop courte ?

— Eh bien, répondit-elle, fais un pas de plus en avant.

Une mère attendait aux portes de la ville qu'on lui apportât des nouvelles de la bataille où ses cinq fils étaient engagés. Un messager paraît : elle se précipite, et, avant qu'elle n'eût ouvert la bouche, le soldat crie :

— Hélas, femme, tes cinq fils sont morts !

— Ce n'est pas cela que je te demande, méchant vaurien, répondit-elle. Où en sont les affaires de l'État ?

— La victoire est à nous !

— Eh bien ! je suis satisfaite, dit-elle, et je ne ressens plus la perte de mes enfants.

Ces Lacédémoniennes étaient bien stoïques, un peu trop peut-être. Que penserez-vous de cette histoire-là ? Il faut savoir d'abord, pour la comprendre, que le bouclier jouait un grand rôle dans la vie du guerrier. C'était une honte que de le laisser tomber pour fuir plus vite et l'on méprisait beaucoup celui qui rentrait sans lui. Mais quand on voulait faire honneur à un soldat mort, on rapportait son corps sur son bouclier. Une dame de Lacédémone armait son fils qui partait au combat. En lui tendant son bouclier, elle lui dit :

— Reviens dessous ou dessus.

VI

LES CONTES DE CRÉSUS

1. LE PLUS HEUREUX DES HOMMES

L'an 560 avant Jésus-Christ, Alyatte, roi des Lydiens, mourut et son fils Crésus monta sur le trône à l'âge de trente-cinq ans. Les Lydiens habitaient l'Asie Mineure. Sardes était leur capitale. Le Pactole, leur grand fleuve, roulait des paillettes d'or*. Les Grecs connaissaient bien les Lydiens, car les colonies grecques des rivages d'Asie Mineure avaient fort à faire avec eux, soit pour vendre et acheter, soit pour leur payer tribut ou résister à leur emprise envahissante.

Le premier soin du nouveau roi fut d'élever à son père un tombeau extraordinaire à la mode du pays. On le visitait, bien longtemps après, comme une des merveilles du monde antique. La base en était construite en pierres de proportions gigantesques ; on avait formé le reste de terre entassée, chaque classe du peuple lydien apportant sa part de terre au monument.

---

* Voir l'histoire du roi Midas dans le *Premier Livre des Merveilles*, même collection.

Puis Crésus s'occupa de son royaume. Il fut un grand roi. Il subjugua les peuples environnants et ramassa tant de richesses à Sardes qu'il devint proverbial. Dans l'Antiquité, comme de nos jours, on disait : riche comme Crésus.

Aussi vint-il, pour visiter sa capitale, des curieux de tous les points du monde, et Crésus les encourageait fort, car il aimait la célébrité. Un jour, on lui présenta un Athénien qui voyageait et qui venait d'Égypte. C'était Solon, un homme fort sage, célèbre lui aussi, quoique d'une autre façon que Crésus. Ses concitoyens avaient en lui tant de confiance qu'ils avaient réclamé un code de sa main. Solon, ayant établi d'excellentes lois à Athènes, voyageait un peu pour s'instruire et se reposer.

Crésus ne douta pas que ce petit homme, fils d'un pays où la chèvre grignote plus d'épines que de sainfoin, ne dût être ébloui à la vue de ses trésors.

— Qu'on les lui ouvre tous, commanda-t-il.

Des guides obligeants promenèrent à loisir le visiteur du haut en bas des palais. Ils lui firent remarquer les tapis, les pièces de pourpre, les bassins gigantesques en métaux précieux, les statues d'ivoire et d'or, les vases de pierre dure. Ils le conduisirent aux chambres fortes où ils ne lui épargnèrent ni un cimeterre incrusté, ni un lingot, ni un chapelet de perles. Solon, peu communicatif sans doute, ne broncha pas.

Un peu déçus, les guides ramenèrent l'étranger devant le roi.

— Eh bien, mon hôte, s'écria ce prince débonnaire, es-tu satisfait ? J'ai entendu vanter ta sagesse naturelle et la grande expérience que les voyages y ont ajoutée. Dis-moi, de tous les hommes que tu as vus, quel est le plus heureux ?

Solon s'inclina poliment et répondit :

— Prince, c'est Tellos d'Athènes.

— Comment cela ? s'exclama Crésus, surpris, car la réponse n'était point celle qu'il attendait.

Solon s'expliqua :

— Tellos était citoyen d'une ville prospère. N'est-ce pas déjà un grand bonheur ? Ses enfants, tous beaux et vertueux, eurent à leur tour des enfants beaux et vertueux qui tous vécurent. Sa fortune était convenable. Enfin, il mourut de façon enviable. Il combattit pour sa patrie, se conduisit si vaillamment qu'il décida de la victoire et trouva sur le champ de bataille la plus glorieuse des morts. Les Athéniens l'ensevelirent aux frais du peuple, là où il était tombé, et rendirent à sa mémoire tous les honneurs posthumes.

— Fort bien, fit Crésus. Et après lui ?

— Cléobis et Biton, noble prince. Ah ! c'étaient deux Argiens d'excellente famille. Eux aussi vivaient dans une aisance honnête, mais leur force physique était exceptionnelle et les fit souvent triompher dans les Jeux. Leur fin fut extraordinaire. C'était au temps où les Argiens célébrèrent les fêtes d'Héra, leur divine protectrice, avec un éclat qui ne le cède à rien.

« La mère de ces jeunes gens, souffrante, ne pouvait se rendre au Temple qu'en chariot. On attendait les bœufs qu'on avait fait venir des champs. Mais l'heure passait et l'attelage ne se présentait pas. Alors ces fils glorieux se placèrent eux-mêmes sous le joug et traînèrent jusqu'au Temple leur vénérable mère. Ils parcoururent ainsi quarante-cinq stades et arrivèrent sous le joug à Argos. Comme la foule enthousiaste félicitait qui les fils, qui la mère, celle-ci, le cœur transporté d'amour pour ses incomparables enfants, entra dans le sanctuaire et debout devant la

Maîtresse d'Argos, Héra, reine des mères et des épouses, elle leva les mains et s'écria :

« — Accorde, déesse, à mes fils Cléobis et Biton tout ce qui peut leur arriver de plus heureux.

« La fête suivit son cours. Les jeunes gens prirent part au sacrifice puis au festin ; enfin, vers le soir, ils s'endormirent dans le sanctuaire et nul ne put les réveiller. Ils étaient morts.

« Tu peux voir, grand roi, leurs statues. Elles sont à Delphes où les Argiens les ont consacrées comme celles d'hommes exceptionnels. »

Cette fois-ci Crésus ne retint pas sa colère.

— Quoi donc ? mon hôte, s'écria-t-il. Quel cas fais-tu de la félicité du prince qui te parle ? Suis-je moins qu'un Tellos, que deux Argiens de condition privée ?

— Crésus, repartit Solon, considère les dieux. Ils sont jaloux et malveillants. Chaque jour offre prise à leur caprice. Réfléchis, noble roi. Supposons qu'un homme vive soixante-dix ans. Ne sont-ce pas là vingt-cinq mille deux cents jours sans compter le mois inter-calaire, vingt-six mille deux cent cinquante jours avec ce mois ? Voilà justement pour les dieux vingt-six mille deux cent cinquante occasions de mal faire ; vingt-six mille deux cent cinquante fois vingt-quatre heures, chaque heure différente de celle qui la pré-cède et la suit. En ces conditions, le bonheur — tu en conviendras — est un accident heureux. Tu te trouves au comble de la prospérité et de l'opulence, j'en conviens, et tu m'en vois charmé. Mais je ne te dirai pas le plus heureux des hommes avant d'avoir appris que tu as heureusement terminé tes jours. Tant qu'un homme n'est pas mort, ne disons pas qu'il est heureux, disons, si tu veux bien, que la fortune le favorise. En toutes choses, considérons la fin.

C'est ainsi que l'Athénien Solon parlait au plus

prospère des princes de l'Asie. Il ne parvint pas à le convaincre, moins encore à le contenter. Crésus le congédia sans bienveillance et défendit qu'on remît au voyageur, à son départ, les riches souvenirs qu'il avait fait préparer.

Mais l'histoire n'est pas terminée.

LES CONTES DE CRÉSUS

2. ON N'ÉCHAPPE PAS À SON DESTIN

Vous ne penserez pas non plus que Crésus fut le plus heureux des hommes, quand vous saurez que, de ses deux fils, l'un était sourd et muet. Bien plus, une prédiction effrayante défendait à Crésus de chercher à guérir le jeune homme, assurant qu'il ne parlerait que le jour d'un grand malheur. Crésus, donc, s'était habitué à compter pour rien le pauvre infirme et considérait que les dieux ne lui avaient donné qu'un seul fils, Atys, celui-ci, d'ailleurs, beau, aimable, exercé à toutes les prouesses du corps et de l'esprit, et autant au-dessus des jeunes gens de sa race par ses talents que son père l'était, par ses richesses, des souverains de son époque.

Une nuit Crésus eut un songe. Il vit Atys mourir frappé d'une pointe de fer. Encore tout baigné de sueur et tremblant de tous ses membres, il fit venir son intendant et donna ordre qu'on ôtât du palais toute arme, flèche, javeline, toute pointe de fer quelle qu'elle fût, qu'on en interdise l'usage, de crainte que l'une d'elles ne vînt à blesser le prince. De plus, il interdit sévèrement à son fils de se rendre à l'armée, ce dont le jeune homme fut ulcéré, car il en assumait d'ordinaire le commandement.

Un jour, vint à Sardes un jeune fugitif, un inconnu, qui se présenta au palais de Crésus et supplia que le roi voulût bien le purifier, car il était coupable d'un meurtre. En ce temps, un criminel était réputé maudit par les dieux, et même s'il s'enfuyait et se protégeait ainsi du châtiment des lois, il n'en était pas moins considéré comme impur et portant le malheur avec lui. Certains prêtres, néanmoins, et certains princes qui se considéraient comme des demi-dieux, pouvaient, par des cérémonies, lever la malédiction qui pesait sur leur tête. Ainsi fit Crésus, puis il interrogea le malheureux :

— Tu n'as pas la figure d'un vilain, lui dit-il, veux-tu me dire ton nom ?

— Je suis phrygien, répondit le jeune homme, et de race royale. Mon nom est Adraste. Hélas ! j'ai causé, bien involontairement, la mort de mon frère. Mon père m'a chassé et je suis fugitif, dépouillé de tout et le plus misérable des hommes.

— J'ai connu quelque peu ton père, Adraste, reprit Crésus, et je l'aimais. Reste donc près de moi et sois traité comme un ami et comme un hôte.

Peu de temps après un sanglier gigantesque descendit des montagnes de Mysie et sema partout la terreur. Ses énormes boutoirs fouillaient le sol, arrachant les arbres ; il foulait les moissons et même — on le disait avec terreur — dévorait dans les champs les enfants au berceau et les petits pâtres. Les Mysiens, voisins et même sujets de la Lydie, envoyèrent à leur seigneur une ambassade.

— Assemble les meilleurs chasseurs de ton royaume, prièrent-ils, et envoie-les chez nous conduits par ton fils auquel nul chasseur n'est comparable.

— Pour mon fils, dit Crésus, n'en parlons pas.

Mais je vous enverrai bien volontiers l'élite de mes veneurs.

Le jeune prince entra sur ces entrefaites et quand il eut appris ce qui se discutait :

— Mon père, dit-il, je suis couvert de honte. J'étais jadis le plus courageux de tes guerriers, comme le plus habile à la chasse. Aujourd'hui, non seulement, par un inexplicable décret, tu m'as banni de l'armée, mais voici que tu prétends m'arracher l'honneur de conduire à la chasse la plus fière jeunesse du pays. Je viens de prendre, pour te plaire, une épouse. À quel homme se croira-t-elle unie ?

Crésus pensa bien faire en expliquant au jeune homme son fatal secret.

— N'est-ce que cela, mon père ? s'écria Atys tout joyeux. Ne voyez-vous pas que je ne risque rien à cette chasse ? Dans la vision qui vous effraye, je périssais d'une pointe de fer. Un sanglier est-il armé ? Ses boutoirs ne sont-ils pas de l'ivoire ? Convenez-en, mon père, et laissez-moi partir !

Crésus se rendit, à demi convaincu. Néanmoins il fit appeler Adraste.

— Jeune Phrygien, lui dit-il, tu me dois tout. Mais ce n'est pas, certes, pour t'en faire un reproche que je te le rappelle. C'est pour te demander de veiller sur mon fils comme sur la prunelle de tes yeux. Va, accompagne-le à la chasse et ramène-le sain et sauf.

— Roi, mon bienfaiteur, répondit le jeune homme, tu peux compter sur moi.

Ils partirent. Jamais plus ardente jeunesse et mieux équipée n'avait attaqué plus redoutable gibier. Sitôt qu'ils atteignirent les couverts, la meute découplée se précipita sur le fauve. C'était un mâle énorme, de ceux qui, délaissant la harde, s'en vont seuls par les bois, méchants et déchaînés, et qu'on appelle « solitaires ». Longtemps, les chiens poursuivirent la bête noire, qui fonçait avec des grognements sauvages ; longtemps, au plus épais des fourrés, le vieux lutteur força son chemin.

Vint enfin l'heure où le monstre, épuisé, dut arrêter sa course. Assis, les boutoirs en avant, il résistait encore à la marée envahissante des chiens. Percés et soulevés par les défenses, les plus hardis retombaient tout sanglants. C'est alors que voyant la bête sur ses fins, la troupe des chasseurs fit cercle. Excités par la chasse, brandissant leurs armes, ils se pressaient, riant, se bousculant, les yeux fixés sur le grand solitaire qui maintenant, épuisé et coiffé par les chiens, n'attendait que le coup fatal.

— À toi, Atys !
— À toi, Adraste !

La javeline du Phrygien part, siffle ! Hélas ! le jeune prince la reçoit en plein cœur. Inondé de son sang il s'affaisse, il pâlit, il meurt.

Quel retour ! quel cortège ! Auprès du corps d'Atys, le malheureux Adraste, accablé, invoquait la mort. Quelle rencontre, lorsque Crésus se précipita au-devant du corps de son fils !

— Prince, dit Adraste d'une voix étouffée, hélas, voici ton fils que je te rends. Prends-moi en pitié, noble roi, égorge-moi sur son corps.

Mais Crésus secoua la tête.

— Les dieux, dit-il, sont seuls coupables. Un sage, jadis, m'avait bien averti ! Pour toi, malheureux enfant, tu n'es responsable de rien.

C'était là un noble langage, dans la bouche d'un roi, victime de sa propre bonté. Mais c'en était trop pour Adraste. Cette bonté même l'accablait. On procéda aux funérailles du jeune prince. On brûla son corps sur un bûcher de cèdre, entouré des plus somptueuses offrandes. On ensevelit enfin ses restes. Alors, autour de son tombeau, il se fit un grand silence. La gorge serrée par l'émotion, tous ceux qui l'avaient aimé lui disaient adieu en leur cœur. C'est plus que n'en pouvait supporter Adraste. Il fit quelques pas, s'approcha du tertre et se trancha la gorge.

LES CONTES DE CRÉSUS

3. UN ROI QUI SE MÉFIE DES ORACLES
(ET IL A BIEN RAISON)

Après la mort de son fils bien-aimé, Crésus passa deux ans dans l'affliction la plus profonde et la retraite. Mais les affaires de l'État réclamèrent bientôt son attention et il dut, bon gré, mal gré, se remettre à s'en occuper. Les Perses, ses voisins, lui donnaient des inquiétudes. Depuis bien des siècles déjà, les Perses et leurs frères, les Mèdes, peuples indo-européens, très différents des Sémites, Babyloniens et Assyriens, vivaient sur le plateau d'Iran. Aujourd'hui encore existe sur le même plateau un État qui porte le même nom : l'Iran ou la Perse. Depuis peu de temps ces peuples étendaient leur territoire aux dépens de leurs voisins. L'Iran et, sous leur jeune roi Cyrus, les Perses conquéraient rapidement tous les territoires environnants, constituant un immense empire. La puissance de Cyrus fit bientôt souci à Crésus, qui se demanda s'il ne ferait pas bien de lui déclarer la guerre et de l'abattre pendant qu'il en était encore temps. Tandis qu'il hésitait ainsi, il prit la décision que prenaient tous les Anciens lorsqu'ils étaient perplexes : il interrogea les oracles des dieux. Généralement, les chefs d'État consultaient d'emblée la Pythie de Delphes. Crésus, lui, commençait à être prudent. Se méfiant des réputations, même les mieux établies, il prétendit consulter tous les oracles et les mettre d'abord à l'épreuve pour choisir le meilleur. Hélas ! les dieux n'aiment pas qu'on prenne tant de précautions avec eux. Ils s'arrangèrent bien pour égarer Crésus quand même.

Il envoya donc des messagers chez les grands oracles de réputation mondiale, Delphes, Dodone et ses chênes parlants, et l'oracle libyen d'Ammon, le dieu cornu. Mais il ne négligea pas les petits oracles moins illustres et, qui sait ? peut-être plus francs : Trophonios et son antre, le héros Amphiaraüs et les prêtres Branchides à Milet. À tous ses messagers, il donna la même consigne.

— Vous compterez quatre-vingt-dix-neuf jours à dater de votre départ, et le centième vous demanderez à l'oracle ce que fait, juste en ce moment, le roi Crésus. Ensuite vous reviendrez vite me rapporter la réponse.

La Pythie tomba juste. Elle rendit aux envoyés du roi une réponse en vers hexamètres, lumineuse dans sa simplicité :

Je sais le nombre des grains de sable et la mesure
[de la mer.
Je me fais comprendre du sourd et j'entends le muet.
Le fumet de la tortue à la dure écaille monte à
[mon nez.
Cuite dans le bronze avec la viande de l'agneau.
Le bronze est par terre sous elle, et le bronze
[la recouvre.

Crésus en fut ébloui. Il faut dire que le centième jour après le départ de ses messagers, il s'était occupé à faire bouillir ensemble une tortue et un agneau dans un chaudron de bronze coiffé d'un couvercle en bronze. Ce n'était pas son habitude, mais, pour dérouter les oracles, il fallait se creuser la cervelle. D'ailleurs la Pythie ne fut pas seule. Le petit oracle d'Amphiaraüs fit de son mieux et Crésus trouva sa réponse excellente aussi.

Le roi Crésus décida donc que ce serait à Delphes et chez Amphiaraüs qu'il poserait la grande question. Il pensait probablement que les dieux sont comme les hommes et qu'ils satisfont mieux leurs clients quand ils sont payés d'avance et grassement payés, car il fit d'abord préparer et porter à Delphes une quantité inimaginable d'offrandes d'une valeur qu'on ne pouvait calculer : trois mille têtes de bétail, des lits recouverts de lames d'or, des coupes d'or, des vêtements teints de pourpre, cent briques en or pur, deux grands bassins pour mélanger l'eau et le vin, en argent et en or, quarante barils d'argent, une statue de femme aussi en or (on raconte que c'était le portrait de sa boulangère), les bijoux de son épouse et enfin un lion tout en or, lui aussi. Ce lion, pendant longtemps, fit l'admiration des visiteurs à Delphes. Hélas, dans un incendie il fondit comme beurre et perdit la moitié de son poids. Mais le reste était encore respectable et on le plaça dans le trésor des Lacédémoniens.

Le roi n'oublia pas non plus le héros Amphiaraüs à qui il envoya un bouclier et une javeline, en or, bien entendu.

Ses messagers interrogèrent alors les deux oracles et leur demandèrent si le roi devait prendre les armes contre les Perses.

Jugez de la joie du prince lorsque les deux oracles lui eurent rendu exactement la même réponse, et tellement claire : « S'il prenait les armes, prédisaient-ils, il détruirait un grand empire. »

Débordant de gratitude, Crésus expédia au plus tôt deux monnaies d'or à chaque habitant de Delphes. La cité, très reconnaissante, lui accorda en retour la priorité pour consulter la Pythie et le droit de cité pour tous les Lydiens qui voudraient en profiter.

Décidé à épuiser les précautions et comptant sur l'effet de ses libéralités, le prince se permit alors de questionner une troisième fois Apollon, souverain de Delphes. « Mon empire, demanda-t-il, durera-t-il longtemps ? »

« Quand un mulet sera roi des Mèdes, ne rougis pas de fuir, ô Lydien, le long du fleuve Hermus », répondit le dieu par l'intermédiaire de sa prêtresse.

Le roi trouva la plaisanterie excellente, et que c'était là une façon gracieuse de lui prédire un pouvoir éternel. Il se mit donc sans tarder à ses préparatifs.

VI

LES CONTES DE CRÉSUS

4. SOLON ! SOLON ! SOLON !

Tandis qu'il mettait la main à ses préparatifs, Crésus eut une dernière occasion d'être sage. Un Lydien lui tint un jour ce langage :

— Qu'as-tu à faire, grand Roi, d'attaquer les Perses ? Ce sont des gens si pauvres qu'ils sont vêtus de cuir ; ils boivent de l'eau, et leur pays est stérile. Si tu es vainqueur, vois ton bénéfice ; et si tu es vaincu...

Crésus se contenta de hausser les épaules ; il se dirigea bientôt avec toute son armée vers le fleuve Halys, frontière entre les Lydiens et le royaume perse. On raconte qu'il franchit le fleuve grâce à l'habileté d'un ingénieur grec, Thalès, de la ville de Milet, une de ces colonies ioniennes avec lesquelles les Lydiens puis les Perses se trouvaient constamment en rapport. Les ponts manquaient, Crésus se sentait bien perplexe quand Thalès lui offrit de détourner la moitié du fleuve en arrière du camp. L'autre moitié, pensait-il, serait aisément guéable. Ainsi fut fait. L'armée lydienne s'avança bravement en territoire ennemi jusqu'à la ville de Ptérie, où elle se heurta à Cyrus et ses Perses. La bataille, très acharnée, restait indécise quand la nuit vint et força les Lydiens à se retirer.

Après ce demi-échec, Crésus battit en retraite sur Sardes, où il espérait regrouper ses forces, recevoir des renforts alliés et passer l'hiver à l'abri. À peine était-il entré dans sa capitale que tout le canton se couvrit de serpents. Prodige plus étrange encore, les chevaux quittèrent les pâturages et se jetèrent sur les serpents pour les dévorer. Les devins hochèrent la tête. Mauvais présage, dirent-ils : les serpents, enfants de la terre lydienne, ont été anéantis par des chevaux, animaux belliqueux et étrangers.

Or Cyrus, le Perse, en grand homme de guerre, ne laissa point à son ennemi le temps de se reposer. Il parut devant Sardes au moment où le malheureux Crésus se croyait le plus tranquille, et les deux armées se heurtèrent sous les murs de la capitale. Les Lydiens excellaient à l'équitation. Leurs cavaliers étaient redoutables, pourvus d'excellentes et longues javelines. Cyrus, quand il les vit rangés en bataille, se sentit inquiet.

— Sire, lui dit son lieutenant Harpage, ne crains point. Ne sais-tu pas combien les chevaux haïssent l'odeur des chameaux et surtout des chamelles ? Nous en avons quantité pour transporter nos bagages. Place-les en première ligne, face aux cavaliers lydiens.

Cette ruse réussit au-delà des espérances d'Harpage. Les chevaux lydiens s'emportèrent, et malgré le courage de leurs cavaliers qui sautèrent à bas des montures et combattirent à pied, le carnage fut affreux et les Lydiens se réfugièrent dans leurs murs où les Perses les assiégèrent.

Sardes était une forte citadelle. Un de ses côtés passait pour tout à fait inaccessible. Si inaccessible même que l'ancêtre des rois lydiens, le légendaire Mélès, s'était refusé à prendre de ce côté-là toutes les garanties que les dieux lui avaient offertes. En effet, il était né dans sa cour un petit lion et les devins avaient affirmé que le rempart serait infranchissable partout où l'on promènerait l'animal nouveau-né. Mélès avait négligé de le faire conduire du côté de l'à-pic. C'était un roi qui n'avait aucun sens de l'escalade.

Le siège durait depuis douze jours, et la ville résistait bien. Le treizième jour, vers le soir, un Lydien, en se penchant du haut du rempart, sur ce côté de la citadelle qui passait pour inaccessible, fit tomber son casque, qui roula jusqu'en bas. Il n'hésita pas, enjamba la muraille, dégringola la paroi, ramassa le casque et remonta à son poste. Or, un Perse l'avait vu, Hyriade le Mardien, que cet exploit laissa rêveur.

Le lendemain, quatorzième jour du siège, des cavaliers de la garde de Cyrus parcoururent l'armée perse. « Grande récompense à qui montera le premier sur le rempart », proclamaient-ils. Hyriade résolut d'essayer. Il ne risquait guère que de se casser les os, car, de ce côté-là, la citadelle n'était pas gardée. Il accepta le risque, tenta l'escalade, la trouva plus aisée qu'il ne pensait, appela ses camarades et, en un rien de temps, un tas de Perses se trouvèrent sur le rempart, prirent la garnison à revers et Sardes tomba.

Crésus combattit comme un désespéré. Son dernier fils, le sourd-muet, s'attachait à ses côtés. Un Perse, soudain, s'approche par-derrière, lève sa javeline sur le roi, et le malheureux muet, arraché à son mutisme par l'effroi et la douleur, s'écrie :

— Homme, ne tue pas Crésus !

Il recouvra dès lors l'usage de la parole et accomplit ainsi la prédiction portée à son sujet.

Quoi qu'il en fût, Crésus, pris et chargé de chaînes, fut conduit devant Cyrus, qui le condamna à être brûlé vif, lui et quatorze jeunes nobles lydiens, autant que Crésus avait régné d'années. Le premier, l'infortuné monta sur le bûcher. Là, contemplant sa capitale détruite et livrée au pillage, l'armée perse et son rival installé en face du bûcher, se rappelant ses prospérités de la veille et considérant de quels sommets les dieux l'avaient fait descendre et que c'était bien là le jour de sa mort, il se prit à soupirer à voix haute : « Solon ! Solon ! Solon ! »

— Que dit-il ? fit Cyrus, qui ne perdait rien du spectacle. Qu'on lui envoie mes interprètes.

Les interprètes s'approchèrent de Crésus, mais le prince secouait la tête sans répondre ; à la fin, il s'écria pourtant :

— Solon était un homme dont les conseils seraient plus profitables aux rois que de grandes richesses.

Les interprètes tentèrent d'en savoir davantage mais Crésus refusait de s'expliquer.

— Laissez-moi, laissez-moi ! criait-il, ne m'avez-vous pas assez tourmenté ?

À la fin, il consentit à raconter son histoire et, tandis qu'il poursuivait son récit, les interprètes le traduisaient à Cyrus. Or, les bourreaux, peu curieux des secrets des princes et qui se souvenaient des ordres reçus, venaient d'allumer le bûcher. Déjà tourbillonnait la fumée, déjà les flammes couraient dans le bois sec. C'en était fait de Crésus.

Cependant Cyrus, ému par le récit de son ennemi de naguère, oubliait son courroux.

— Éteignez ce bûcher ! cria-t-il.

Hélas ! impossible d'obéir au prince. Quelque zèle qu'on déployât, la flamme gagnait toujours davantage. En vain les soldats couraient-ils puiser de l'eau, en vain les bourreaux arrachaient-ils le bois à la flamme, l'impitoyable foyer s'embrasait toujours de plus en plus et déjà léchait les pieds des malheureux quand Crésus éleva vers le ciel ses mains suppliantes.

— Apollon, dieu de Delphes, s'écria-t-il avec des larmes, maître des oracles, souviens-toi ! Si jamais mes offrandes te furent agréables, si je t'ai comblé d'or et de victimes, sauve-moi en cet extrême péril.

Il parlait encore en face du ciel limpide, lorsque, d'un seul coup, une nuée noire emplit les espaces, le tonnerre éclata et la pluie, une pluie diluvienne, arrosa le foyer dévorant qui ne fut bientôt plus qu'un tas de charbons mouillés.

Crésus, descendu du bûcher, fut amené devant son vainqueur. Cyrus le fit asseoir à ses côtés, le traita avec la plus grande courtoisie et lui enleva lui-même ses entraves. Le malheureux roi paraissait abattu et rêveur, et Cyrus lui dit avec bonté :

— As-tu, Crésus, quelque demande à me faire ?

— Sans doute, ô mon maître, répondit le vaincu. Voici les entraves dont tu viens de me délivrer. Si ta générosité me le permet, je voudrais les envoyer à Delphes, à ce dieu que j'ai tant honoré.

Cyrus, s'étant fait expliquer comment son rival avait consulté les oracles et les réponses qu'il en avait reçues, trouva l'aventure plaisante et donna volontiers son autorisation.

Une ambassade de Lydiens partit donc pour Delphes et suspendit à l'entrée du temple les entraves de Crésus.

— Pourquoi as-tu trompé Crésus, ô dieu de Delphes, demandèrent-ils, pourquoi ces oracles menteurs ? Ton temple regorge encore de ses offrandes. Est-ce la coutume chez les dieux grecs d'être ingrats ?

La Pythie eut tôt fait de se justifier.

— N'avais-je pas dit, s'écria-t-elle, que votre roi détruirait un grand empire ? Eh bien ! de quel empire s'agissait-il ? De celui de Cyrus ou du sien ? Ne devait-il pas me poser, avant toute chose, la question à moi-même ? Et, s'il avait eu quelque sagesse, n'aurait-il pas interprété ma seconde réponse : « Quand un mulet sera roi des Mèdes... Eh bien ! qu'est-ce qu'un mulet ? Le petit d'un âne et d'une jument, le produit de deux races différentes. Qu'est-ce que Cyrus ? Le fils d'une princesse mède et d'un Perse de modeste condition. Voilà ce que vous ferez savoir à Crésus. Quant à l'ingratitude d'Apollon, est-ce bien à Crésus qu'il sied d'en parler, lui qui, grâce au dieu, vient de sortir d'une situation désespérée ? »

Les messagers rapportèrent à Crésus ces explications. Il en reconnut le bien-fondé, baissa la tête et s'humilia dans son cœur. « Moi seul suis coupable », soupira-t-il.

On peut là-dessus penser ce qu'on veut. Ce qui est vrai, c'est que le destin de Crésus ne fut pas si rigoureux qu'il l'avait pu craindre. Cyrus le garda auprès de lui comme ami, et même comme conseiller, frappé de la modération et de l'excellence des conseils qu'inspirait à Crésus une sagesse authentique, bien que tard venue.

VII

DU DANGER
D'ÊTRE TROP HEUREUX

Prenez une carte de la Méditerranée dans l'Antiquité. Suivez du doigt la côte de l'Asie Mineure, du
nord au sud, et vous arriverez bientôt sur une ville
dont le nom, inscrit en gros caractères, est MILET.
Milet, c'est une de ces colonies que des Grecs émigrés d'Europe, en des temps très anciens, fondèrent
au bord du continent asiatique. En face de Milet, vous
trouvez une île, débris d'un continent effondré sous
la mer. C'est Samos, célèbre pour ses vins, une petite
île, aujourd'hui bien pauvre, bien nue, et qui jadis
eut son heure de prospérité.

Vers l'an 532 avant J.-C., la guerre civile éclata
à Samos et celui qui l'avait soulevée conquit le pouvoir ; un pouvoir absolu, soutenu par la force des
armes. Les Grecs appelaient tyrans ces autocrates qui
s'appropriaient le pouvoir par force et régnaient
quelque temps comme des maîtres autoritaires. Ils
favorisaient souvent le petit peuple, et décimaient
l'aristocratie en s'appuyant sur des troupes mercenaires.

Il y eut une époque où ces tyrans furent particulièrement nombreux. Pisistrate à Athènes, Cypselos à

Corinthe, Phidon à Argos, plus tard Gélon à Syracuse, plus tard encore le célèbre Denys l'Ancien furent d'illustres tyrans. Encore qu'il désignât un maître absolu et soucieux de se faire respecter, le mot n'avait pas à l'origine, en grec, le sens péjoratif que nous lui avons donné.

Polycrate devint donc tyran de Samos. Il partagea d'abord l'île avec ses frères, puis il tua l'aîné, chassa le plus jeune et garda tout le territoire pour lui. Il se procura dix gros navires à cinquante rames, qu'on appelait pentécontores, et prit à son service mille archers qui lui servirent à rançonner les îles et le continent. Quand on lui reprochait de piller à tort et à travers et de dépouiller indistinctement amis et ennemis :

— Pourquoi ferais-je des exceptions ? répondait-il. Si je restitue à des amis ce que je leur ai enlevé, voyez quelle sera leur joie ! Ils seront beaucoup plus heureux que si je ne leur avais rien pris du tout.

C'est alors que, révolté par de tels principes, incapable de supporter plus longtemps ce cynique brigand, le sage Pythagore quitta Samos. Il voyagea d'abord, pour recueillir quelque expérience. Puis il se fixa à Crotone, où il fonda son école célèbre.

Polycrate ne parut pas ressentir le départ de Pythagore. Tout lui réussissait. Argent monnayé, trésors, prisonniers pleuvaient entre ses mains.

Très impressionné, le roi d'Égypte, Amasis, lui accorda son alliance. Le bonheur de Polycrate devint même si insolent que le roi Amasis en conçut de l'inquiétude. Les Anciens pensaient volontiers que les dieux sont jaloux des gens trop heureux et, naturellement, la jalousie des dieux finit toujours par vous attirer quelque catastrophe. Amasis écrivit donc à Polycrate :

« Cher Polycrate, lui disait-il, je suis persuadé que

la divinité est jalouse. Toujours périt celui à qui la fortune a d'abord souri trop généreusement. Prends donc dès maintenant quelques précautions. Choisis un des objets que tu aimes le mieux et détruis-le. Si, après ce sacrifice, tu as encore le malheur d'être heureux, résigne-toi à un nouveau sacrifice, et à un troisième si la chance s'obstine à te favoriser. »

Polycrate goûta fort ce conseil. Il examina son cœur, se demandant ce qu'il aimait le mieux au monde. Il possédait, enchâssé dans l'or, un sceau d'émeraude gravé avec un art exquis par un illustre artiste, Théodore, fils de Théléclès. Il décida qu'il n'aimait rien davantage.

Il fit donc préparer un de ses fameux vaisseaux à cinquante rames, mit à la voile, se rendit au large et jeta, en soupirant, au sein des flots, le bijou cher à son cœur. Puis il rentra chez lui, triste mais apaisé.

Cinq ou six jours après, un pêcheur de Samos ramena dans ses filets un poisson d'une taille exceptionnelle, si beau, qu'espérant une bonne récompense, il le présenta au tyran.

— Roi, lui dit-il, je suis bien pauvre, et vis de mon travail, mais cette pièce m'a paru digne de toi. Souffre que je t'en fasse présent.

Polycrate, charmé, fit porter le poisson aux cuisines et invita le pêcheur à dîner. Dans un fumet exquis d'aromates, on apporta la pièce sur table. On l'ouvrit. Ô surprise ! Dans son estomac reposait l'émeraude. Tout joyeux, les serviteurs la présentèrent à leur maître qui la reçut avec stupeur.

Amasis, averti de ce miracle, ne tarda pas à envoyer un héraut pour dénoncer son alliance avec le trop heureux tyran.

« Le moyen, lui fit-il savoir, de rester allié à un homme que son excès de félicité expose à tant de catastrophes ? S'il t'arrivait quelque malheur, je serais obligé d'en être fâché. Séparons-nous ; ainsi pourrai-je envisager tes chagrins d'un cœur paisible. »

Polycrate, cependant, averti qu'un groupe de Samiens se mutinaient contre lui, voulut s'en débarrasser sans bruit. Il pria Cambyse, roi de Perse, de lui rendre un simple service, comme on s'en rend entre dynastes dans l'embarras.

— Demande-moi, disait-il, le secours de ma flotte, j'équiperai quelques vaisseaux, je glisserai dans l'équipage mes fortes têtes et tu te garderas bien de me les renvoyer.

Ainsi fut fait.

Cependant, qui sait ce qui arriva ? Les Samiens eurent-ils vent du sort qu'on leur préparait ? Cambyse fut-il négligent à les garder ? Bref, les Samiens s'échappèrent et s'en allèrent chercher secours et vengeance à Lacédémone. Il paraît même que leur indignation était verbeuse, car ils gratifièrent les éphores* d'un discours si long que ceux-ci n'en purent soutenir l'éloquence.

— Nous avons oublié le commencement, dirent-ils, et mal compris la fin.

Les suppliants se résumèrent et cette fois-ci les éphores se déclarèrent convaincus. Une flotte spartiate fit voile contre Samos.

Les dieux s'étaient-ils lassés de soutenir Polycrate ? Amasis suivait les événements avec un intérêt attristé. Il en fut pour ses funestes pressentiments ; les Lacédémoniens assiégèrent Samos, mais après quelques succès, ils essuyèrent un revers. Quarante jours de siège s'écoulèrent ; estimant qu'ils perdaient leur

---

* Les cinq magistrats de Sparte établis pour contrebalancer l'autorité des rois.

temps, ils levèrent l'ancre et retournèrent dans le Péloponnèse en souhaitant bonne chance aux exilés.

On raconte — mais ce sont les mauvaises langues qui l'ont rapporté — que leur départ fut déterminé moins par des raisons stratégiques que par un subit afflux dans le camp spartiate de pièces à l'effigie de Polycrate. Malheureux Spartiates ! Ils ne connaissaient pas encore Polycrate. Ils en firent une bien amère expérience, s'il est vrai que ces pièces étaient en plomb, simplement roulées dans la poudre d'or comme des tranches de poisson qu'on enfarine avant de les frire. Polycrate, décidément, était un personnage immoral. Quant aux émigrés samiens, ils renoncèrent à rentrer dans la ville de leur trop heureux ennemi et se rendirent à Siphnos où, dans l'excès de leur déconvenue, ils se conduisirent brutalement avec les Siphniens.

Quoi qu'il en fût, Polycrate prit une haute opinion de sa fortune. Il pensa que tout lui était permis et, un jour que le Perse Orœtès, gouverneur de Sardes, lui avait envoyé un messager, Polycrate, couché au frais dans sa maison, le nez contre le mur, refusa de se retourner pour écouter le héraut, et ne consentit à lui faire aucune réponse. Orœtès en conçut un vif ressentiment et jura qu'il se vengerait. D'autres auteurs racontent que, tandis qu'Orœtès, assis à la porte de son palais, devisait avec Mitrobate, autre noble perse, ce Mitrobate se moqua de lui en disant :

— Peux-tu passer pour un homme, toi qui as Samos sous la main et qui n'as pas encore mis la main dessus ?

De toute façon, Orœtès décida la perte de Polycrate.

Celui-ci, toujours confiant dans sa bonne étoile, formait, justement à ce moment-là, le dessein d'équiper de grandes flottes et d'exercer sur la mer une sorte d'hégémonie, usant du droit du plus fort pour arraisonner les vaisseaux d'autrui, constituant ainsi peu à peu une sorte de monopole maritime pour Samos.

Orœtès l'apprit et fit dire au tyran :

— Tu médites de grands projets, Polycrate, mais tes richesses ne répondent pas à tes ambitions. Pour moi, je sais que le roi Cambyse en veut à ma vie, je suis isolé ici et surveillé. Si tu viens me chercher, tu emporteras mes trésors et nous les partagerons. Mais ne me crois pas sur parole, envoie un ami sûr. Je lui montrerai mes trésors.

Ému, Polycrate envoya son secrétaire Méandre chez Orœtès. Le satrape[1] remplit de pierres des coffres ; puis il couvrit les pierres d'un peu de poudre d'or et ferma les coffres avec des nœuds à secret comme s'ils avaient contenu les plus précieux trésors. Méandre vint, les ouvrit, fut dupé, et fit un rapport enthousiaste à son maître.

Polycrate n'hésita pas. L'eau à la bouche, il fit armer encore un vaisseau à cinquante rames pour se rendre chez Orœtès, et prit jour pour son départ. Pendant la nuit qui précéda ce départ, la fille de Polycrate eut un rêve singulier. Elle vit son père, suspendu dans les airs, baigné par Zeus, dieu de la pluie, et parfumé d'huile par le Soleil. Quelle étrange vision ! Affolée, elle se précipita chez le tyran et le supplia de ne pas partir. Les amis de Polycrate se joignirent à elle, puis les prêtres et les devins, affirmant que c'était là un présage au moins singulier. Ce fut un beau tapage. Polycrate s'entêta, s'arracha de leurs mains, descendit au port et monta sur sa pentécontore, toujours poursuivi par les lamentations de la jeune fille.

— Père, ne pars pas, ne pars pas ! Il t'arrivera

---

1. Les Perses appelaient ainsi les gouverneurs de province ou de ville.

malheur ! criait-elle du rivage, en se tordant les bras et s'arrachant les cheveux.

Furieux, Polycrate, debout sur le pont, tandis qu'on larguait les amarres et que le flanc du vaisseau s'écartait de plus en plus du bord, lui envoyait sa malédiction et criait :

— Je te punirai, méchante créature, qui veux me porter malheur ! Quand je reviendrai, je ne te marierai pas. Tu resteras vieille fille !

La pauvre petite pleurait à chaudes larmes, et même suppliait les dieux de réaliser la menace de son père, qu'elle restât vieille fille pourvu que son père revînt sain et sauf !

Hélas ! les dieux, cette fois-ci, avaient bel et bien abandonné Polycrate. À peine était-il arrivé à destination, qu'Orœtès le saisit et le fit périr. Il paraît même qu'il l'écorcha, puis fit mettre en croix son cadavre, qui fut baigné de la pluie et brûlé du soleil comme l'avait vu sa fille.

Ainsi finirent les prospérités de Polycrate. On ne gagne rien à être trop heureux.

VIII

UN TYRAN
QUI SE MOQUE DU MONDE

Pisistrate n'est pas de bonne humeur. Pisistrate songe à d'amères réalités. Depuis qu'il est sorti d'Athènes, il se demande comment il y rentrera. Médiocrement installé dans une petite maison campagnarde, il regarde Phya, sa servante, qui va et vient, tire de l'eau du puits, arrose les plates-bandes. « Une bien belle femme, songe-t-il, d'une taille élevée, quatre coudées moins trois doigts, vigoureuse, le visage régulier, un port superbe. Dirait-on une fille de campagne ? Elle a une taille de déesse. »

Mais la bonne grâce de la servante ne fait pas dériver longtemps les pensées de Pisistrate. Elles reviennent à Athènes d'où ses ennemis l'ont expulsé. Pisistrate n'est pas homme à rester sur sa défaite. Le vénérable Solon, le législateur d'Athènes, l'avait bien compris. Il appelait Pisistrate renard et descendait sur la place publique pour mettre ses concitoyens en garde contre lui.

— Votre lâcheté fera votre malheur, s'écriait-il ; vous écoutez ses beaux discours et vous ne voyez pas ses actes. Vous vivez heureux en république, vous vous réveillerez un jour au pouvoir d'un tyran.

Mais le petit peuple d'Athènes aimait Pisistrate.

Les artisans, les ouvriers agricoles, les bergers de la montagne, ceux qu'on appelait les Diacriens, avaient trouvé en lui un défenseur. Le Renard abusa promptement de leur attachement. Il se taillada lui-même les bras et les jambes et se précipita sur la place publique.

— On veut m'assassiner ! criait-il. Je réclame une garde.

Avec des cris d'amour et des hurlements d'indignation, le peuple vota pour la garde. Pisistrate, nanti d'une compagnie de gaillards armés de gourdins, s'empara de l'Acropole. Il était maître d'Athènes. Le vieux Solon suspendit ses armes devant sa porte et se retira chez lui, désespéré.

Si bien qu'il manœuvrât, le Renard avait de puissants ennemis, particulièrement la noble famille des Alcméonides dont le chef, Mégaclès, forma une conspiration. Pisistrate n'eut que le temps de s'enfuir et c'est pourquoi le voici, qui tourne en rond, dans une bourgade de campagne. Mais le Renard n'a pas épuisé tous ses tours. Si la chance voulait seulement le favoriser un peu !...

La chance le favorisa en effet. Vers le soir, un cavalier se présenta à la porte du petit domaine. Phya, la grande servante, alla chercher son maître.

— T'a-t-il dit son nom ?

— Non, maître, et je ne saurais pas te le décrire. Il est emmitouflé dans son manteau comme s'il avait mal aux dents. On ne risquait pas de le reconnaître sur la route.

Pisistrate, méfiant, eût bien voulu en savoir plus long avant que de recevoir l'homme. Mais en traversant la cour il aperçut le cheval du visiteur, une bête splendide, d'un sang magnifique, l'épaule bien placée, la tête petite, piaffant sans accuser la fatigue du chemin.

L'ancien tyran aimait fort les chevaux et faisait courir à Olympie. « Une belle monture ! » songea-t-il, puis enveloppant la bête d'un coup d'œil : « C'est un produit du célèbre élevage des Alcméonides, se dit-il. Ou je me trompe fort ou quelque Mégaclès cherche à jouer au plus fin avec moi. »

— Allons, Mégaclès ! s'écria-t-il à voix haute en entrant dans la pièce où se tenait son visiteur, joue franc jeu ! Qu'as-tu à me dire ?

L'autre ne fit pas de difficultés. Les partis rivaux se chamaillaient à Athènes. Mégaclès, brouillé avec ses amis, cherchait à conclure alliance avec Pisistrate.

— À condition, stipulait-il, d'avoir ma part des bénéfices. Tu rentres à Athènes, Pisistrate, mais tu épouses ma fille.

— Beau cadeau pour ta fille, Mégaclès ! Je ne suis plus de première jeunesse. Veuf de deux femmes, tu le sais, j'ai quatre fils.

— Ma fille, répliqua l'Alcméonide, connaît ses devoirs... Elle ne cherche pas dans le mariage des agréments mesquins. Il suffit que tu sois présenté de ma main...

— Tu m'en vois enchanté, Mégaclès. Nous sommes donc d'accord. Une petite difficulté reste à résoudre. Tu as la bonté de penser que moi seul puis rétablir l'ordre à Athènes. Tu m'offres le pouvoir, je l'accepte avec reconnaissance. Mais le peuple d'Athènes tiendra peut-être à être consulté. Nos concitoyens n'aiment pas trop qu'on les joue aux dés comme une outre de Samos ou un sac de figues. Comment crois-tu qu'ils vont m'accueillir ?

— Je n'en sais rien, Pisistrate, mais je me fie à toi pour tout arranger.

— Je te suis très obligé, Mégaclès. Je ne veux pas entrer par la petite porte, mendier mon rappel, pleurnicher à l'Assemblée. Non, il me faut des acclamations, un triomphe !

Mégaclès s'impatiente.

— Eh, on rentre comme on peut ! Ne voudrais-tu pas que les dieux viennent te chercher par la main pour te conduire à l'Acropole ?

— Les dieux. Hé ! hé ! Mégaclès... les dieux !...

Phya la servante a repris son arrosage ; celui du soir cette fois-ci. La corde du puits crie, l'odeur aromatique des plantes mouillées monte dans la nuit qui tombe. Elle va, vient dans les allées. Son maître la suit des yeux.

— Laisse-moi réfléchir un peu, Mégaclès, dit-il enfin d'un ton rêveur.

Quelques jours plus tard, Pisistrate opérait sa rentrée solennelle dans Athènes. Un cortège imposant le précédait. D'abord les cavaliers, fils des grandes familles aristocratiques, Alcméonides* en tête, montés à cru sur leurs bêtes, la chlamyde** au vent ; puis les gardes du corps du tyran, les fidèles montagnards, les robustes artisans porte-massues, enfin les fils du tyran, jeunes gens de grande allure, puis quatre hérauts brillamment équipés. À chaque carrefour, ils s'arrêtent, brandissent leurs trompettes d'argent et lancent aux quatre coins leur stupéfiante proclamation :

« Citoyens d'Athènes, recevez avec bienveillance Pisistrate, fils d'Hippocratès. La déesse Athéna, qui l'honore plus qu'aucun autre mortel, de sa main le conduit en sa propre citadelle. »

---

* Périclès appartient à cette famille illustre dans la vie politique athénienne (voir p. 96).
** Manteau court, agrafé sur l'épaule.

Alors se présente un char magnifique orné d'ivoire, resplendissant d'or, traîné par les plus beaux chevaux que l'Attique ait jamais nourris. Et debout sur ce char... Dieux ! c'est elle... Athéna, la fille de Zeus ! la déesse elle-même, maîtresse d'Athènes, la Vierge guerrière dont le regard seul porte la mort. Elle est plus grande qu'aucune femme d'Athènes — quatre coudées moins trois doigts —, son port superbe inspire le respect, son auguste visage respire la majesté des dieux. Et pour le costume, rien ne lui manque : le casque étincelant, œuvre d'Héphaïstos lui-même, la lance dont la pointe appelle la foudre et l'égide effrayante qui couvre le sein. Respectueux et les yeux baissés, sur le même char, se tient Pisistrate, un peu en arrière de l'Immortelle.

Les femmes épouvantées lèvent les bras vers le ciel et s'abattent front contre terre. Les gamins poussent des cris aigus. La foule se fend, s'écarte, terrifiée. Ne dit-on pas qu'un seul regard des dieux suffit à pulvériser les mortels ! En moins de temps qu'il n'en faut pour s'en rendre compte, la déesse a passé, Pisistrate est à l'Acropole ; les portes de la citadelle se sont refermées sur lui et sur ses fidèles.

— Ouf ! soupire-t-il en sautant du char. Tout s'est bien passé !

Et se tournant vers sa divine protectrice encore figée sur le char d'apparat.

— Descends de là, ma bonne fille. Phya, je suis content de toi.

On conviendra qu'Hérodote*, qui nous raconta cette anecdote, avait quelque raison de s'en étonner.

---

* Hérodote (vers 484-420 av. J.-C.) est considéré comme le « père de l'Histoire » (voir tableau chronologique dans l'Entracte, p. VI).

— Est-il possible, disait-il, qu'un stratagème aussi grossier ait pu réussir chez ces Athéniens qui passent pour être, parmi les Grecs, les plus sensés !

IX

LA GRANDE GLOIRE
DES GUERRES MÉDIQUES

1. UN PEUPLE RÉSOLU EN VAUT DEUX

Nous avons lu comment Cyrus, roi des Perses, avait triomphé du Lydien Crésus. Il faut savoir que la Perse, depuis ce temps, ne fit que grandir. Tous les peuples de l'Asie, et même les Égyptiens, obéissaient au roi des Perses ; de l'Inde à la mer Égée s'étendait son empire. On l'appelait le grand Roi, ou le Roi tout court ; son empire était si grand que plusieurs villes se disputaient l'honneur de servir de résidence au prince. Il habitait ordinairement Suse, dans un palais d'une richesse extraordinaire. Sa cour était le siège de tous les luxes et de toutes les magnificences, grâce à des trésors infinis.

Sur de bonnes routes circulaient les courriers qui apportaient les ordres du Roi jusqu'au fond des provinces gouvernées par les satrapes, et des inspecteurs, « les yeux et les oreilles du Roi », surveillaient l'administration de l'empire.

Le territoire immense est un intarissable réservoir de soldats et de richesses et chaque année, quatorze mille cinq cent soixante talents euboïques*, somme gigantesque, affluent au Trésor.

Bien entendu, les villes grecques d'Ionie en Asie Mineure obéissaient au Roi des Perses ; d'ailleurs elles se montraient souvent rétives et profitaient de toutes les occasions pour causer des ennuis à leur maître. Il arriva qu'un Grec fort artificieux, Histiée, tyran de la ville de Milet, se trouva retenu par le Roi des Perses à Suse. Il eut l'idée singulière d'enjoindre à Milet de se révolter, espérant que le Roi de Perse le renverrait combattre ses concitoyens et qu'il pourrait s'échapper.

Il voulut faire parvenir un message à Milet et trouva un moyen ingénieux. Il rasa la tête d'un esclave et tatoua sur la tête du pauvre diable : « Révolte ». Quand les cheveux eurent repoussé, il l'envoya à Milet avec mission de se faire raser les cheveux en arrivant. C'est ainsi que Milet, follement, se révolta contre le Roi des Perses, Darius, entraînant les autres villes ioniennes dans sa révolte et allumant ainsi un feu qui faillit consumer la Grèce.

Aristagoras de Milet courut demander secours en Grèce, à ses frères de race ; Lacédémone l'éconduisit, Athènes fut assez hardie pour l'écouter. Vingt trirèmes** athéniennes partirent pour l'Ionie ; les Athéniens débarquèrent et parvinrent sans encombre jusqu'à Sardes, l'ancienne capitale de Crésus. Ils prirent la ville et la brûlèrent, sans profit, car une armée perse arriva enfin, les battit et les dispersa.

Darius s'occupa sans retard à châtier la révolte de Milet et de l'Ionie, à laquelle il n'attacha pas plus grande importance qu'à n'importe quelle autre des

---

* La monnaie qui a cours en Eubée, la grande île au large de l'Attique (voir, dans l'Entracte, la carte p. XXI).
** Navire rapide et léger, à trois rangées de rames superposées.

révoltes qui éclataient parfois dans son empire. Mais il fut très choqué de l'intervention des Athéniens, de ce peuple si petit qu'il fut obligé de demander qui étaient ces Athéniens. On le renseigna. Il prit alors son arc, tira une flèche droit vers le ciel :

— Que les dieux m'accordent de me venger des Athéniens, pria-t-il.

Et désormais, à chacun de ses repas, un serviteur dut lui répéter :

— Maître, souviens-toi des Athéniens.

Bientôt Darius résolut d'en finir avec ces Athéniens insolents et aussi avec tous les autres Grecs, si remuants, qui soutenaient volontiers contre lui leurs compatriotes établis en Asie. Il leva une armée et il enjoignit à ses généraux de leur amener les citoyens d'Athènes bien enchaînés. Personne ne douta que ce ne fût facile. Quelle lutte inégale entre le roi d'un immense empire, et une toute petite ville isolée !

Deux corps d'armée perses, l'un monté sur des vaisseaux, l'autre à pied, envahirent donc la Grèce par le nord et ne rencontrèrent guère de résistance. Dès que les Athéniens l'apprirent, sans balancer, ils se disposèrent à combattre. Ils cherchèrent, bien entendu, des alliés et pensèrent tout de suite à Sparte, la seule ville qui pût se comparer à Athènes. Ils choisirent un héraut de profession, c'est-à-dire un courrier au service de l'État, parmi les plus rapides et les plus habiles. L'Histoire a conservé son nom : il s'appelait Pheidippos. Il partit en toute hâte et accomplit son voyage en cinq jours, ce qui constituait un record de célérité, bien qu'il lui fût arrivé sur la route une bien curieuse aventure.

Comme il traversait la région du mont Parthénon, il rencontra un petit homme cornu, qui tenait une flûte à la main.

— Pheidippos, lui dit ce singulier berger, demande

à tes concitoyens pourquoi ils ne me rendent aucun honneur. Je n'ai pas de temple chez eux, et pourtant je suis un petit dieu bienveillant et même, en ce moment, je suis disposé à leur être fort utile.

Il disparut et le courrier reconnut qu'il avait rencontré le dieu Pan. Il s'acquitta de sa commission et les Athéniens décidèrent d'aménager à Pan un petit sanctuaire dans le flanc de l'Acropole, dès qu'ils en auraient loisir. Ils n'étaient pas dans une situation à négliger personne.

En attendant, Pheidippos sollicita de son mieux les Lacédémoniens. L'idée d'envoyer un corps d'armée à Athènes parut excellente aux Spartiates ; mais il fallait patienter un peu.

— On était, dirent-ils, au neuvième jour de la lune, et les lois interdisaient que l'armée se mît en marche avant que l'astre ne fût dans son plein.

D'ici là, leurs bonnes prières accompagnaient les Athéniens. Pheidippos se demanda probablement si le Sénat de Lacédémone ne s'était pas moqué de lui et si le retard des secours n'avait de raison qu'astronomique ; nous nous le demandons encore aujourd'hui.

Il ne restait plus aux Athéniens qu'à se soumettre ou à faire face. Ils choisirent ce dernier parti et envoyèrent leurs troupes dans une petite plaine au nord de l'Attique, au lieu dit Marathon. À la dernière minute, les gens de Platées arrivèrent en renfort. Platées était une modeste cité qui n'avait jamais rien fait de grand. Ce qu'elle fit ce jour-là suffit pour la rendre immortelle.

Les Perses, de leur côté, ayant débarqué, rangèrent leurs troupes en bataille. Il y avait dans leurs rangs un transfuge athénien qui se nommait Hippias, un des fils de Pisistrate. Il espérait que les Perses remettraient Athènes entre ses mains. C'était un homme déjà fort âgé et qui honorait peu ses cheveux blancs à ce métier. Il s'occupait à placer des bataillons barbares lorsqu'il fut pris d'une crise de toux et d'éternuements si violente qu'elle lui parut relever moins d'un catarrhe que de la volonté divine. Sa mâchoire fut si étrangement secouée qu'une de ses dents tomba. En se baissant pour la ramasser — car il y tenait — il eut un brusque pressentiment et soupira : « Je crois bien que je n'occuperai jamais plus de terre grecque que n'en recouvre aujourd'hui ma dent. »

Les dix stratèges qui commandaient l'armée athénienne étaient en face des Perses et parmi eux un singulier personnage qui s'appelait Miltiade. Ce n'était point un jouvenceau que Miltiade. Son origine était athénienne, mais il venait du pays de Chersonèse où il gouvernait une petite principauté. Ce serait trop long de narrer comment son oncle Miltiade l'Ancien s'était fait offrir le gouvernement de cette principauté. Miltiade le jeune, lui, ne le cédait en rien à son oncle et c'était un aventurier. Il entretenait par ailleurs une haine de famille contre Hippias. Mais il aimait son pays d'origine et le fit voir.

Les généraux athéniens hésitaient à livrer la bataille. Leur tentative paraissait si désespérée ! Quelques-uns cependant étaient décidés et parmi eux Miltiade. Il gagna la voix de l'archonte polémarque qui, parmi les archontes, avait charge de l'armée. On résolut de combattre et que Miltiade dirigerait la manœuvre.

Enfin se leva l'aube du 13 septembre 490. À peine le soleil levé, la chaleur rayonnait sur la plaine desséchée. Comme les Athéniens avaient voulu étendre leur armée autant que les files médiques, le centre s'en trouvait faible. Les Platéens formaient l'aile gauche. C'était la première fois que les Athéniens affrontaient une armée perse ; les costumes bariolés, les armements étranges de cette multitude asiatique ne les effrayèrent pas. Au signal, ils s'élancèrent à la course sur les barbares, bien que la distance entre les deux armées fût de huit stades [1], afin de réduire le temps où ils se trouveraient exposés aux javelots des barbares.

La violence de l'assaut grec déconcerta les Perses qui pensaient attaquer eux-mêmes un ennemi ramassé en boule pour se défendre. Néanmoins, le centre perse, où se trouvaient les meilleures troupes, résista et même rompit les rangs des Athéniens. Mais aux ailes, les Grecs furent vainqueurs et, se refermant sur le centre, ils portèrent secours à leurs camarades et mirent les Perses en déroute.

Ceux-ci se replièrent en désordre vers leur flotte qui attendait, ancrée à peu de distance du rivage. Les Athéniens, tout enivrés de leur victoire, se précipitèrent vers la mer et tentèrent d'empêcher le rembarquement des Perses. Ils n'y parvinrent pas, mais réussirent à détruire sept trirèmes ennemies. C'est là que le frère de l'auteur dramatique Eschyle, Cynégire, trouva une mort glorieuse.

Il agrippait le bordage d'un navire ennemi de la main droite. Un soldat perse lui coupa la main. Il saisit aussitôt le bordage de la main gauche. Celle-ci est tranchée. Alors, dit la tradition, il saisit le navire avec ses dents et il fallut lui couper la tête pour qu'il lâchât prise.

Tout danger n'était pas écarté. Une partie des troupes perses, détachée de l'armée avant la rencontre, voguait sur Athènes qu'elle espérait prendre par surprise. En huit heures de marche forcée, les

1. Le stade mesurait 150 m.

hoplites* athéniens, bien qu'épuisés par la bataille, se portèrent à Athènes. L'ennemi trouva la place bien garnie. La flotte perse, ancrée à Phalère, hésita quelque temps puis cingla vers l'Asie. La Grèce était sauvée.

Rien ne peut peindre la joie des combattants au soir de Marathon. Tandis que les généraux s'occupaient à recueillir les morts pour leur donner la sépulture sans laquelle leurs âmes eussent erré, privées de l'immortalité, un courrier partit pour Athènes. C'était un athlète réputé, vainqueur dans la course à pied. Il parcourut la nuit, d'une seule traite, la distance qui sépare Marathon d'Athènes. Il parvint à la ville, il frappa aux portes des magistrats ; à tous, il annonça la miraculeuse nouvelle. Puis il tomba mort !

Il faut ajouter que deux mille Lacédémoniens arrivèrent à Athènes juste après la bataille. On les remercia et, sur leur demande, on les conduisit jusqu'au champ de bataille, afin qu'ils pussent voir à quoi ressemblaient les Perses morts.

* Fantassins lourdement chargés qui constituent la phalange.

LA GRANDE GLOIRE
DES GUERRES MÉDIQUES

2. « TOUT SUR TERRE APPARTIENT
AUX ROIS, HORMIS LE VENT »

Darius ressentit une grande colère, lorsqu'il apprit la défaite de ses généraux à Marathon. Il ne put croire qu'un si petit peuple le défierait une seconde fois et il commença de préparer une nouvelle armée. Il désira la conduire lui-même au combat et désigna son fils Xerxès pour s'occuper de l'Empire en son absence. Mais il mourut en 485 av. J.-C. et Xerxès monta sur le trône.

Ce prince dut d'abord s'occuper des Égyptiens qui s'étaient révoltés, puis, dès qu'il fut tranquille de ce côté-là, il reprit les préparatifs commencés par son père. Il passa quatre années, dit-on, à lever des troupes et à accumuler les approvisionnements nécessaires pour nourrir une si grande armée, car à quoi sert une multitude d'hommes, si elle meurt de soif et de faim, et les pays qu'elle devait traverser — le Roi le savait — étaient trop pauvres pour la nourrir. Il fit réquisitionner chez les peuples sujets ou alliés de son empire fantassins, cavaliers, archers, marins, navires de guerre ou de transport, vivres, métaux. Enfin, pour satisfaire sa rancune, il ordonna deux des plus grands travaux qu'on pût imaginer : il fit creuser un canal maritime pour couper l'isthme du mont Athos et préparer un pont de bateaux sur l'Hellespont.

Vous n'ignorez pas que le passage le plus commode pour aller d'Asie en Europe est cet étroit bras de mer que nous appelons les Dardanelles et que les Grecs nommaient l'Hellespont. L'armée de Xerxès ne pouvait éviter de traverser ce bras de mer ; c'est pourquoi le roi fit lier des bateaux plats et larges avec des cordages faits en byblos, c'est-à-dire en fibres de roseau, et en lin blanc, afin d'en faire une sorte de pont sur lequel pourraient marcher les hommes et les chevaux. Ce pont mesurait sept stades.

Une fois l'armée parvenue en Europe, les troupes de terre descendraient en suivant les côtes, tandis que la flotte longerait le rivage à quelque distance. Il fallait donc que les navires doublent la masse montagneuse de l'Athos qui s'avance au loin dans la mer, et qu'une étroite bande de terre rattache au continent. Une flotte perse avait déjà été mise à mal par les vents, redoutables dans ces parages.

Le Roi imagina sans doute que les dieux de l'Athos lui étaient contraires et que sa flotte se briserait une deuxième fois contre les flancs du mont. Quoi qu'il en fût, il exigea qu'on taillât dans l'isthme un canal où deux navires de guerre pussent naviguer de front. Chaque extrémité devait être protégée par un môle contre les risques d'ensablement. Deux ingénieurs perses dirigèrent les travaux. L'un d'eux, Artachée, parent de Xerxès, était le plus grand de tous les Perses et sa voix retentissait comme une cymbale. Il mourut peu de temps après avoir achevé le canal et Xerxès regarda sa perte comme un grand malheur. On déporta des masses de gens de toutes nations pour travailler au creusement du canal et, trois années durant, ces malheureux fouillèrent le sol sous les coups de fouet. La terre s'éboulait sans cesse et le travail était à recommencer. Seuls — dit-on — les Phéniciens eurent l'idée de tailler le haut de leur tranchée plus large que le bas, de sorte que la terre ne s'écroulait pas. Voilà tout ce que souffrirent les Perses pour satisfaire au caprice d'un despote. Le bon Hérodote, qui raconte ces faits, affirme que le Roi commanda ce travail gigantesque poussé par le seul désir de laisser de sa puissance le plus grandiose témoignage.

Bien sûr, les Grecs étaient au courant de tous ces préparatifs. Trois espions grecs furent envoyés à Sardes où le Roi tenait son quartier général. Découverts, ils furent mis à la torture, puis traînés au supplice. Le Roi en fut averti et suspendit leur exécution.

— Qu'on leur montre tout, dit-il dédaigneusement, qu'ils passent en revue l'infanterie et la cavalerie bien entières, puis renvoyez-les sains et saufs, où ils voudront. Les Grecs, avertis du danger qu'ils courent, n'attendront pas d'être envahis pour se soumettre.

De son côté, Démarate le Spartiate, qui se trouvait à Suse, voulut lui aussi prévenir ses concitoyens. Mais il craignait qu'en fouillant son messager on ne pût saisir ses dépêches. Il imagina donc une ruse comparable à celle qu'avait inventée dix ans auparavant Histiée de Milet. Il prit deux de ces tablettes de bois couvertes de cire dont on se servait alors couramment pour écrire. Il enleva la cire, grava ce qu'il voulut sur le bois, et répandit à nouveau une couche de cire. Puis cachetant les tablettes, il les fit porter à Lacédémone. Les membres du conseil furent bien embarrassés en ouvrant ces tablettes vierges. Une femme les tira d'affaire : Gorgô, épouse de Léonidas, alors roi de Lacédémone.

— Enlevez la cire, dit-elle, je devine qu'il y a un message dessous.

Ce qui fut fait.

Quand l'armée fut toute assemblée à Sardes, Xerxès se disposait à partir lorsque lui parvint une funeste nouvelle : le pont de bateaux jeté à grands frais sur l'Hellespont venait d'être rompu. Il était à peine terminé que le vent s'éleva avec la plus grande violence ; la mer déchaînée rompit les cordages, disloqua le pont, engloutit les navires. Le prince, contrarié dans son désir, se livra à une colère insensée. Il ordonna d'appliquer à la mer trois cents coups de fouet, de jeter dans son sein une paire d'entraves et de l'insulter en lui criant : « Ô mer, mon maître te punit parce que tu lui as fait du mal alors qu'il ne t'a pas offensée. Mais, que tu le veuilles ou non, il te franchira. » On peut penser qu'il donna un ordre plus injuste encore lorsqu'il fit décapiter tous ceux qui avaient dirigé la construction du pont détruit.

Après quoi, il fallut recommencer le pont. On en fit deux et cette fois-ci on prit un luxe extraordinaire de précautions. Les ingénieurs, très désireux de limiter les risques, ceux du Roi et les leurs, placèrent les bateaux en tenant compte du courant marin, calculèrent la longueur des ancres selon la direction des vents, firent fabriquer des câbles spéciaux pour deux tiers en byblos et pour un tiers en lin. Sur le pont ainsi préparé, on disposa des poutres puis des planches ; puis on versa de la terre sur le bois, on tassa la terre, et on éleva des parapets pour éviter aux chevaux l'aspect de la mer.

On était au printemps 480. Xerxès sortit de Sardes et s'avança vers la mer. La moitié de son armée marchait devant lui, et l'autre moitié derrière. Au centre, séparés du reste des troupes par un vaste intervalle, venaient mille cavaliers d'élite, puis mille fantassins, la pointe de la lance tournée vers le sol ; puis dix chevaux sacrés de la race que les Perses appellent niséenne et qui surpasse en beauté toute autre race ; puis le char du dieu, vide, dont un écuyer à pied tient les rênes ; enfin le Roi lui-même sur un char attelé de chevaux niséens. Le reste de sa garde le suivait, parmi laquelle dix mille hommes dont la lance avait pour pommeau une grenade d'argent ou d'or.

Xerxès s'installa sur le territoire d'Abydos, au sommet d'un tertre où l'on avait construit une terrasse de pierre blanche, et il admira le spectacle de son armée et de sa flotte.

— Je suis heureux, dit-il.

Néanmoins, il se prit à pleurer. Artabane, son oncle, lui demanda la raison de sa tristesse.

— J'ai pitié de ces hommes, dit Xerxès ; vois comme ils sont nombreux ; dans cent ans, pas un ne survivra.

— Ah, répondit Artabane, le pire n'est pas de mourir. La vie est souvent si pénible que la mort apparaît plutôt comme un port salutaire. À vrai dire, ce n'est pas de cela que je m'inquiète. Mais je redoute pour toi deux inconvénients sortis de la grandeur même de ton armée. Tout d'abord tes vaisseaux sont si nombreux qu'ils trouveront difficilement une rade pour s'abriter et les tempêtes sont souvent plus fortes que les hommes. D'autre part, la terre ne pourra pas nourrir tes troupes : plus tu t'éloigneras de tes bases, plus tu risqueras la famine.

C'était parler fort sagement. Il arrive, en effet, que la puissance des hommes, lorsqu'elle croît indéfiniment, dépasse le point où on peut l'utiliser. Elle s'embarrasse elle-même et se réduit à rien. Xerxès éconduisit son oncle avec courtoisie et le renvoya à Suse veiller sur l'empire.

Le lendemain, avant le lever du jour, on brûla

de l'encens sur le pont, et le chemin fut jonché de tamaris coupés. Puis, dès que le premier rayon du soleil toucha l'eau, Xerxès fit des libations avec une coupe d'or dans la mer qu'il avait naguère fustigée. Il pria l'Hellespont de lui accorder une heureuse campagne et lança dans les vagues la coupe des libations, un cratère d'or et un cimeterre perse. Sans doute avait-il grands remords et grande crainte d'avoir offensé le flot tout-puissant.

Puis l'armée franchit le pont et le roi lui-même passa avec elle. Sept jours et sept nuits sans interruption, les Perses défilèrent sous les coups de fouet. Tous les peuples de l'Empire avaient dû envoyer leurs contingents. Les Perses et les Mèdes de race portaient des casques de feutre, des cuirasses en écailles de métal et des manteaux bariolés. Leurs armes étaient le javelot, un grand arc et un glaive accroché à la ceinture. Le casque des Assyriens était tressé de curieuse façon ; ils tenaient à la main une massue de bois garnie de pointes de fer, et, selon une mode très ancienne, la cuirasse de métal était remplacée chez eux par des épaisseurs d'un lin tissé très serré, de sorte que les coups glissaient à la surface. On remarquait les Daces armés d'une hache particulière appelée sagaris, et les peuples venus de l'Inde, archers vêtus de ce coton que les Anciens connaissaient comme une curiosité et dénommaient laine d'arbre. Venues des bords de la mer Caspienne, certaines tribus marchaient vêtues de poil de chèvre, d'autres bottées jusqu'au genou, d'autres encore vêtues de tissus teints de façon éclatante.

Venaient les Thraces coiffés d'une fourrure de renard, chaussés de bottes en peau de cerf, les Chalybes casqués d'un armet de bronze orné de cornes et d'oreilles de bœuf en métal surmontées d'une aigrette, les Mosches, dont la coiffure est en bois, les Mares armés d'épieux et tant d'autres encore et les plus spectaculaires de tous, venus des plus lointaines frontières de l'Empire, les Arabes, archers drapés dans leurs burnous de laine, ceints de cuir, et les Noirs vêtus de peaux de lions et de panthères. Leurs arcs faits de rameaux de palmier tiraient des flèches dont la pointe était encore une pierre aiguisée. Ils marchaient au combat peints de blanc et de vermillon, et lançaient une javeline terminée par une corne de gazelle.

Puis quand cette marée d'hommes se fut écoulée, Xerxès les fit dénombrer. On assembla dix mille hommes en les serrant le plus qu'on put, puis on traça autour d'eux un cercle. Ils sortirent et sur ce cercle un mur bas fut bâti. On fit entrer dans l'enceinte tout ce qu'elle put contenir d'hommes et, ainsi, dix mille par dix mille, on compta les soldats de Xerxès. Combien en trouva-t-on ? Les historiens anciens nous donnent des chiffres incroyables : un million sept cent mille, dit Hérodote. Nous avons de bonnes raisons de croire que c'est trop. Toujours est-il vrai que c'était une immense armée. Quand elle s'avança à travers les contrées sauvages de la Thrace et de la Thessalie, elle épuisait les fleuves qui ne suffisaient pas à la fournir en eau.

LA GRANDE GLOIRE
DES GUERRES MÉDIQUES

3. « PASSANT, VA DIRE À SPARTE
QUE NOUS SOMMES MORTS ICI
POUR OBÉIR À SES LOIS »

Tandis que déferlait sur eux ce fleuve d'hommes, les Grecs tentaient de s'organiser. Les Athéniens, qui se savaient visés, et auxquels la victoire de Marathon conférait un prestige mérité, cherchaient à grouper autour d'eux les cités grecques. Tâche difficile, non seulement en raison des traditionnelles rivalités, mais encore parce que en considérant le déploiement de forces réalisé par Xerxès, la plupart des États grecs estimaient plus sage de se soumettre au Perse de bon gré. On conseillait aux Athéniens d'abandonner leur ville sans combat et d'aller au loin, à l'abri des Perses, fonder une ville nouvelle. Néanmoins, beaucoup de cités du Péloponnèse, et parmi elles Lacédémone, se préparèrent à résister. Les confédérés* demandèrent l'aide du puissant tyran de Syracuse, Gélon.

---

* Les peuples des cités grecques réunies en confédération sous l'autorité d'Athènes.

Celui-ci leur proposa deux cents vaisseaux, vingt mille fantassins, deux mille hommes de grosse cavalerie, deux mille archers, deux mille frondeurs, deux mille cavaliers légers et des vivres pour toute la durée de la guerre, à condition d'être nommé général en chef.

— Ménélas*, répliqua le député lacédémonien, gémirait dans sa tombe s'il apprenait que les Spartiates ont cédé le commandement à des Syracusains.

— Eh bien, reprit Gélon, admirez ma patience ; laissez-moi le commandement de la flotte.

— Nous avons besoin non d'un général mais d'une armée, répliqua l'Athénien. Notre race est trop ancienne pour que nous cédions ce commandement naval qui nous appartient.

— C'est parfait ! dit alors Gélon. S'il vous manque des hommes, vous me paraissez fort bien pourvus en généraux. Retournez vite en Grèce et annoncez à vos concitoyens qu'ils ont perdu le printemps de leur armée (il voulait dire : ce qui eût été la meilleure partie de leur armée).

De retour chez eux, les confédérés décidèrent de protéger l'Attique en barrant le défilé des Thermopyles, tandis que la flotte grecque attendrait les navires perses au cap voisin d'Artémision. On imagine généralement les Thermopyles comme un défilé rocheux. Il n'en est rien. Les Thermopyles sont une étroite bande de terre marécageuse, qui s'étend entre un massif montagneux et la mer. Des sources chaudes, qui ont donné son nom au pays, percent le sol et le passage est si étroit en certains endroits qu'un mur à demi écroulé suffisait à en barrer l'accès.

---

* Roi légendaire de Sparte, époux d'Hélène (voir *Contes et récits tirés de L'Iliade et de L'Odyssée,* dans la même collection).

Les Grecs se hâtèrent de relever ce mur en attendant les Perses.

Il y avait là trois mille huit cents soldats venus de cités différentes, mille Phocidiens et un corps de Locriens, dont nous ne connaissons pas le nombre. Enfin, trois cents Spartiates dirigés par le roi Léonidas, descendant d'Héraclès, qui les avait tous choisis de sa main.

Quand on annonça l'arrivée des Perses, un vent de panique souffla sur la petite troupe. La plupart des chefs étaient d'avis qu'on se retirât jusqu'à l'isthme de Corinthe pour défendre au moins efficacement le Péloponnèse. Mais Léonidas, considérant ceux qu'on laissait ainsi en proie au Perse, fit décider la résistance sur place. Peu après, un éclaireur perse à cheval vint se rendre compte de l'importance des forces grecques. Il vit justement les Lacédémoniens dont c'était le tour de garder le rempart. Ils avaient appuyé leurs armes au mur, les uns, nus au soleil, faisaient leurs exercices gymniques et les autres se peignaient. Il les compta et partit sans qu'on lui eût accordé plus qu'un coup d'œil.

Xerxès ne put croire que cette poignée d'hommes se préparât à résister. Il en parla au transfuge Démarate.

— Prince, dit celui-ci, je suis sûr que ces hommes sont venus pour combattre. C'est la coutume chez eux d'orner leurs cheveux quand ils vont s'exposer à la mort.

Xerxès laissa passer quatre jours, attendant que les Grecs se retirassent. Le cinquième, il s'irrita et lança contre eux les troupes mèdes. Les Grecs, très favorisés par l'étroitesse du champ de bataille, par leur science militaire et, il faut bien le dire, par leur propre courage, résistèrent avec succès. Alors Xerxès envoya cette troupe d'élite qu'on appelait les Immortels, parce que lorsqu'un d'entre eux disparaissait, il était immédiatement remplacé par un autre soldat. On dit que le Roi, qui regardait la bataille, sauta trois fois à bas de son trône, inquiet du sort de ses soldats. Le jour suivant, les Perses ne réussirent pas mieux. Xerxès fut rempli d'anxiété.

C'est alors qu'un Grec, Éphialte, un traître né dans la ville voisine de Malès et qui connaissait bien la contrée, promit au Roi, contre une forte récompense, d'indiquer un chemin qui permettrait aux soldats perses, en s'engageant dans la montagne, de tourner les Thermopyles. Comme le soir descendait (on allumait les lampes, dit Hérodote), les Immortels, conduits par leur général Hydarnès, quittèrent le camp perse et suivirent Éphialte, traversant un petit torrent qu'on nommait l'Asopos et grimpant sur la crête de la montagne. L'aurore parut comme ils arrivaient au sommet. Le terrain, partout boisé de chênes, les cachait parfaitement.

Là ils se heurtèrent à une troupe de mille soldats grecs. C'était le contingent des Phocidiens qui s'étaient offerts, en gardant le sentier, à protéger le flanc de l'armée grecque. Ils avaient été mis en éveil au dernier moment par le froissement des feuilles sèches dans le bois sous les pas des Perses et se présentaient en hâte. Les Perses les accablèrent de traits ; les Phocidiens se dispersèrent et, tapis derrière les rochers, utilisant les aspérités de la montagne, attendirent une seconde attaque. Cette attaque ne vint pas. Sans tenir compte des Phocidiens, les Perses descendirent sur les Thermopyles.

Aux Thermopyles, Léonidas était prévenu. On dit que le devin Mégistias, le premier, déclara à ses compagnons que la mort les attendait, dans cette journée. Puis, avant la fin de la nuit, quelques déserteurs perses se présentèrent à Léonidas et l'avertirent qu'il était tourné. Enfin, des éclaireurs grecs, postés dans la montagne, aperçurent les Immortels et coururent porter la nouvelle à leur chef.

Léonidas comprit que la partie était perdue. Ceux qui se défendraient n'avaient qu'à mourir. Plus sage était de conserver à la Grèce quelques alliés venus de Tégée, de Mantinée, d'Orchomène, de Corinthe, de Locride Opontienne et autres lieux de quitter la place. Pour lui, il ne saurait, ainsi que ses trois cents Spartiates, abandonner le poste qui lui avait été confié. Telle était la loi de Sparte. L'honneur ne permettait que de mourir.

On raconte que les soldats de Thespies refusèrent d'obéir et partagèrent le sort des Spartiates. Léonidas força encore à rester un corps de Thébains qui lui servait d'otages : les Thébains étant suspects de trahir au profit du Roi. Quant au devin Mégistias, il ne consentit point à partir et se contenta de renvoyer son fils unique qui combattait à ses côtés.

Au lever du soleil, Xerxès versa des libations en priant les dieux. Puis il attendit, car l'heure convenue avec Éphialte n'était pas encore arrivée. Le signal fut donné un peu plus tard dans la matinée, « à l'heure où, comme dit Hérodote, le marché se remplit ». Hélas ! il était bien question de ces paisibles travaux de la vie civile, quand il ne s'agissait plus que de vendre chèrement sa vie ! Plus d'un, parmi ces hommes, dut cependant songer à son foyer, à ses enfants, à ses champs, à tout ce qu'il aimait et ne connaîtrait plus. Les Barbares lancèrent une formidable décharge de flèches et comme un soldat s'écriait qu'elles étaient assez nombreuses pour cacher le soleil, le Spartiate Diénékos s'exclama :

— Tant mieux ! nous combattrons à l'ombre.

Ce ne fut pas, paraît-il, son seul bon mot de la journée.

Les Perses montaient à l'assaut en vagues puissantes. Nombreux, mais peu courageux et mal exercés, ils tombaient en quantité sous les coups des Grecs, et c'était avec le fouet que les chefs de corps les rassemblaient et les poussaient en avant. Beaucoup trouvèrent la mort, foulés sous les pieds de leurs camarades. Bientôt, du côté grec, les lances et les javelots furent brisés. Les Grecs combattirent corps à corps à l'épée. Léonidas tomba et sur son corps une lutte terrible se livra. Quatre fois les Lacédémoniens reprirent son cadavre et quatre fois durent l'abandonner, non sans avoir tué deux frères de Xerxès sur la place.

Quand les Immortels descendirent sur les Thermopyles, les Grecs se retirèrent derrière le mur qu'ils avaient jusqu'alors tenté de défendre et se groupèrent serrés sur un tertre. C'est là que se déroula la phase suprême du combat.

Les Thébains, retenus par force auprès des Spartiates, trouvèrent moyen de se dégager et se rendirent au Roi qui, d'ailleurs, les fit tous marquer au fer rouge comme esclaves. Mais, à ce moment-là, un singulier renfort arriva aux Grecs. Le Lacédémonien Eurytos, couché dans le bourg d'Alpène à cause d'une ophtalmie qui l'avait rendu aveugle, ayant appris la situation désespérée de ses camarades, força son serviteur hilote à lui donner ses armes et à le conduire jusqu'au champ de bataille. Arrivé là, l'esclave s'enfuit tandis que l'aveugle se jetait dans la mêlée pour y trouver la mort. Finalement, les Barbares, ayant renversé le mur, enveloppèrent les Spartiates de toutes parts. Les survivants se défendirent même avec les poings et les dents.

Plus tard, les Grecs érigèrent un lion de pierre sur le tertre qui avait servi de suprême redoute, et des monuments aux morts sur le champ de bataille avec des inscriptions. Sur la colonne qui fut particulièrement dédiée aux trois cents Spartiates, on pouvait lire :

« Passant, va dire à Sparte que nous sommes morts ici pour obéir à ses lois. »

IX

LA GRANDE GLOIRE
DES GUERRES MÉDIQUES

4. « ZEUS ACCORDE À TRITOGÉNIE
UNE FORTERESSE DE BOIS »

Après la chute des Thermophyles, la situation des Grecs était moins désespérée qu'on ne le peut croire, car la flotte grecque avait soutenu au cap Artémision, contre les vaisseaux perses, un combat à la vérité indécis mais suffisant pour arrêter l'offensive.

Néanmoins, rien ne semblait pouvoir sauver Athènes, puisque la route était désormais ouverte à l'armée de terre, et la terreur régnait dans la cité. Les stratèges hésitaient, pleins d'angoisse sur le parti à prendre et dans le peuple on se répétait superstitieusement les oracles auxquels était suspendu le sort de la patrie. Lorsqu'ils avaient appris les préparatifs du Roi, les Athéniens avaient, bien entendu, expédié des messagers à Delphes. Et là, dès qu'elle les vit s'asseoir dans le temple, la Pythie Aristoniké rendit un oracle effrayant : « Pourquoi vous asseyez-vous, malheureux ? s'écria-t-elle ; fuyez aux extrémités de la terre, abandonnez vos demeures et les sommets de votre ville ronde... Arès livrera à la violence du feu les temples des immortels... Aujourd'hui, ils ruissellent de sueur, ébranlés par la terreur, et de leur faîte coule un sang noir... »

Les Athéniens épouvantés se jetèrent face contre terre. Ce que voyant, un certain Timon, bourgeois de Delphes, leur conseilla de prendre des branches d'olivier, comme font les suppliants, et de questionner une seconde fois l'oracle. Ce qu'ils firent, conjurant le dieu de leur rendre une réponse plus encourageante. Cette fois-ci la Pythie s'écria :

« Athéna ne peut apaiser Zeus malgré ses prières.

« Je te dis cela pour la seconde fois et mes paroles cette fois-ci sont définitives.

« De tout ce que renferment les limites de Cécrops [1], Zeus n'accorde à Tritogénie [2] qu'une forteresse de bois comme imprenable...

« Ô divine Salamine, tu feras périr les enfants des femmes. »

Sous la menace perse, les Athéniens s'interrogeaient passionnément sur le sens de l'oracle : quelle était cette forteresse de bois ? Quelques-uns pensaient qu'il s'agissait de l'Acropole, jadis entourée d'une palissade, et une poignée de citoyens, de pauvres gens en général, fabriquèrent une enceinte de planches autour de l'Acropole et se réfugièrent à l'intérieur. Mais la plupart pensèrent que la flotte d'Athènes était ce rempart de bois. D'ailleurs, le plus simple bon sens commandait d'évacuer la ville. Les magistrats firent proclamer que chacun mît sa famille en sécurité où il pourrait et, le désespoir au cœur, les Athéniens évacuèrent femmes et enfants, en général dans les îles proches de la côte attique, Égine ou même Salamine, toute proche.

1. Fondateur d'Athènes.
2. Surnom d'Athéna.

Puis ce triste soin pris, chaque Athénien regagna son poste sur la flotte alliée qui mouillait en rade de Salamine, tandis que la flotte perse couvrait la mer au loin, vers Phalère. Trois mois s'étaient écoulés depuis le passage de l'Hellespont.

D'Athènes il ne resta rien. La ville basse fut occupée sans résistance. Les Perses prirent position en face de l'Acropole sur la petite colline que du nom d'Arès on appelle Aréopage et, de là, envoyant des étoupes enflammées au bout de flèches, brûlèrent le misérable rempart de planches. Les assiégés se défendirent avec le courage du désespoir, roulant de gros blocs du haut de la forteresse. Mais quelques Perses hardis grimpèrent une paroi escarpée et de ce fait peu défendue ; ils décimèrent les défenseurs. Quelques survivants se réfugièrent dans le temple antique d'Athéna. Les Perses enfoncèrent les portes et massacrèrent tout ce qu'ils rencontrèrent de vivant. Puis ils pillèrent et brûlèrent la citadelle. Les plus vieux souvenirs d'Athènes périrent ainsi et les reliques les plus vénérées ; même flamba l'olivier sacré jailli du sol sous la lance d'Athéna*.

Les transfuges grecs que Xerxès traînait dans ses bagages furent installés par ses soins à Athènes et l'on ne ferait pas mention de ces peu glorieux personnages si, par eux, ne s'était transmise une curieuse légende. Tandis que le Lacédémonien Démarate, dont nous avons déjà parlé, se promenait dans la plaine déserte et ravagée avec l'Athénien Dicée, ils virent un nuage de poussière s'élever du côté d'Éleusis.

— Qu'est-ce que cela ? fit Démarate. On dirait des milliers d'hommes en marche.

---

* Voir *Contes et légendes mythologiques*, dans la même collection.

Au même instant, un cri frappa leurs oreilles :
« Iacchos ! Iacchos ! »

— Démarate, dit l'Athénien, il y a là quelque chose de surnaturel. Tu n'ignores pas que c'est à Éleusis que les Athéniens célèbrent la fête des Grandes Déesses, Déméter et Koré*, « Iacchos » est le cri qu'on pousse dans ces fêtes. Écoute ! les déesses viennent au secours d'Athènes.

— Tais-toi, répondit Démarate, ne rapportons rien de ce prodige au Roi. Nous le paierions peut-être de la vie. Laisse faire les dieux.

Cependant à Salamine, au quartier général de la flotte grecque, régnait le désarroi. Terrorisés par le sort d'Athènes qui brûlait au loin, les Péloponnésiens ne parlaient que de rentrer chacun chez soi défendre sa propre patrie. On fortifiait en hâte l'isthme de Corinthe et déjà plusieurs vaisseaux avaient reçu de leurs capitaines l'ordre d'appareiller, lorsque les Athéniens tentèrent un suprême effort. Leur escadre était commandée par Thémistocle, fils de Néoclès, qui depuis une dizaine d'années jouait un rôle important dans les conseils d'Athènes. Avec raison, il avait pensé que l'avenir et la sécurité d'Athènes reposaient sur sa flotte, et par son insistance avait obtenu que l'argent des mines du mont Laurion, qu'on venait de découvrir, fût employé à construire des vaisseaux de guerre. Pour l'heure, Thémistocle était convaincu qu'avec le secours des Péloponnésiens, la flotte athénienne était capable d'arrêter les Perses.

Il engagea donc une lutte serrée avec les Péloponnésiens, particulièrement avec le Lacédémonien Eurybiade, qui avait le commandement suprême de la

* Koré signifie littéralement « la Fille », en grec ; la fille de Déméter porte aussi le nom de Perséphone.

flotte et qui voulait se retirer. Il aborda le vaisseau d'Eurybiade, monta à bord et à force de patience et d'énergie obtint que ce dernier rappelât au moins à un dernier conseil de guerre l'ensemble des amiraux alliés.

Rien ne fut plus dramatique que cette séance, tandis qu'achevait de se consumer ce qui avait été la patrie de Thémistocle et qu'au loin la formidable flotte ennemie se renforçait d'heure en heure, en vue de ces rivages où femmes et enfants attendaient la vie d'un miracle.

— Nos ennemis, disait Thémistocle, possèdent une flotte innombrable ; il leur faut un vaste espace pour se déployer. Forçons-les à combattre dans une passe étroite comme celle qui se trouve entre Salamine et la côte ; ils perdront leur avantage sur nous.

Thémistocle déploya des prodiges d'énergie, de ruse et de patience pour convaincre ses adversaires. Néanmoins, il ne put se contenir lorsque le Corinthien Adimante l'interpella :

— Tais-toi, Thémistocle, lui cria-t-il, tu n'as rien à proposer, tu n'as plus de patrie, et toi, Eurybiade, je te défends de mettre aux voix la proposition d'un homme sans foyer.

C'en était trop ; Thémistocle éclata de fureur, mais il se reprit bientôt et trouva l'argument décisif.

— Eh bien ! si tu ne m'écoutes pas, Eurybiade, nous, les Athéniens, nous prendrons femmes et enfants sur nos vaisseaux et nous partirons en Italie. Privés de notre secours, les Péloponnésiens se défendront comme ils pourront.

Eurybiade eut peur, céda et fit décider qu'on livrerait bataille au Perse dans les eaux de Salamine. Thémistocle crut avoir triomphé. Il n'était pas au bout de ses peines.

Quelques heures après, la flotte perse, sortant de

la rade de Phalère, s'avançait en bataille. La panique s'éleva de nouveau chez les Grecs. Il était temps de s'échapper encore. Le conseil se réunit de nouveau et Thémistocle fut mis en minorité.

Il prit alors une décision désespérée. Le soir tombait. Il sortit du conseil et expédia chez les Perses le précepteur de ses enfants, Sicinnos, en qui il avait la plus grande confiance. Sicinnos se fit conduire devant les généraux barbares et leur dit :

— Thémistocle, général athénien, m'envoie. Il désire être agréable au Roi et lui fait savoir que les Grecs veulent fuir et se disperser. Hâtez-vous de les en empêcher. Ils se querellent, rien n'est plus facile que d'en triompher.

Les Perses, après avoir réfléchi, accordèrent crédit au message de Sicinnos.

Tard dans la nuit, le conseil de guerre continuait lorsqu'un Athénien réfugié à Égine, Aristide, fils de Lysimache, aborda la trirème amirale et demanda à entretenir Thémistocle, qui était cependant son ennemi personnel. Dès qu'il le vit :

— Thémistocle, dit-il, remettons nos propres querelles à une autre fois. Il est inutile de discuter plus longtemps sur le départ de la flotte. L'ennemi nous enveloppe, je l'ai parfaitement vu. Voilà ce que je viens t'annoncer.

— Tu ne peux rien me dire qui me soit plus agréable, s'écria Thémistocle. C'est moi qui ai amené là les Barbares. Mais entre, et annonce toi-même la nouvelle. Si je leur parle moi-même, ils ne me croiront pas.

Il ne restait plus qu'à combattre. Les ordres furent donnés. L'aube commençait à poindre. C'était le 25 septembre 480.

Thémistocle harangua les équipages, puis la flotte, quitta le mouillage et s'avança.

Ainsi, le grand poète Eschyle, qui raconte la bataille dans sa tragédie des *Perses**, décrit l'armée grecque se déployant : « Quand le jour aux blancs coursiers se répandit sur toute la terre, éblouissant à contempler, une clameur de bon augure monta des rangs grecs, sonore et rythmée, et la roche de l'île la renvoyait bien haut... Non, ce n'était pas pour fuir que les Grecs entonnaient cet hymne solennel, mais pour s'élancer au combat, hardis et le cœur bien placé, tandis que la voix retentissante de la trompette, telle une flamme, parcourait tout le front... — Fils de la Grèce, allez délivrer la patrie, délivrez vos enfants et vos femmes, les sanctuaires où siègent les dieux de votre race, et les tombeaux de vos aïeux ; aujourd'hui, tout est engagé. »

Ameinias de Pallène, le premier, lança son vaisseau sur les ennemis.

Xerxès s'était assis sur un trône élevé au pied du mont Aigialée et suivait ardemment la bataille. Ses secrétaires, à ses pieds, notaient les noms des capitaines qui se distinguaient. Hélas pour lui ! Il ne fallut pas longtemps pour que la flotte perse, s'embarrassant elle-même, ne fût acculée au désastre.

« Les coques se renversant, la mer disparaît toute sous un amas d'épaves, de cadavres sanglants ; rivage, écueils sont chargés de morts... Les Grecs, comme s'il s'agissait de thons, de poissons vidés du filet, frappent, assomment, avec des débris de rames, des fragments d'épaves. Une plainte mêlée de sanglots règne seule sur la mer au large, jusqu'à l'heure où la nuit au sombre visage vient tout arrêter [1]. »

---

* Jouée en 472 av. J.-C., cette tragédie est la plus ancienne pièce de théâtre grecque que nous ayons conservée en entier.
1. Traduction de P. Mazon, les Belles-Lettres, Paris, 1920.

X

GLOIRE ET MALHEURS DE PÉRICLÈS

Le plus célèbre des fils d'Athènes n'en était pas le plus beau. Périclès, fils de Xanthippos, grand et bien fait dans son corps, avait le crâne si mal proportionné qu'il ressemblait à un oignon. Aussi ne laissa-t-il jamais faire de lui un seul portrait sans avoir le casque en tête, et dut-il, sa vie durant, supporter les plaisanteries des chansonniers de la ville qui raillaient ce ridicule de sa conformation.

Périclès était riche, instruit et parlait avec tant de grâce et de force à la fois qu'on l'avait surnommé Zeus Olympien. Aussi plut-il au peuple d'Athènes qui l'élut stratège, le renouvela d'année en année dans ses fonctions et lui laissa jusqu'à sa mort l'administration des affaires civiles et militaires du pays.

Il est vrai que Périclès respectait beaucoup ce peuple qui l'avait élevé aux honneurs suprêmes et qui pouvait aussi, à tout moment, le renvoyer chez lui. Il savait que les Athéniens, même les plus pauvres — même les cordonniers, les marchands de saucisses ou les fermiers des environs de la ville —, étaient fiers d'être les citoyens de la plus noble des villes grecques, de choisir librement leurs administrateurs, de voter eux-mêmes leurs lois, et qu'il ne fallait pas leur déplaire si l'on désirait demeurer au pouvoir. Aussi se montrait-il fort prudent.

Du jour où il fut élu, on le vit renoncer aux fêtes, aux jeux, aux grands repas où la plupart des Athéniens riches se distrayaient. À peine s'il se permettait d'assister aux festins de noces de ses parents et encore sortait-il au moment où l'allégresse générale menaçait de tourner à l'ivresse sous l'influence du bon vin grec. La gravité d'un chef d'État, pensait-il, ne saurait se soutenir au milieu de ces réjouissances bruyantes où les convives deviennent familiers.

Si éloquent fût-il, il n'aimait guère monter à la tribune de l'Assemblée*. Il pensait qu'en parlant trop souvent il gaspillait son influence. C'est pourquoi ses ennemis l'avaient surnommé « la Galère Salaminienne », en le comparant au plus beau des vaisseaux de la flotte, celui à qui ses perfections avaient valu un nom qui rappelait la plus grande des victoires athéniennes, et qui ne sortait du port qu'aux grandes occasions.

Lui qui était naturellement orgueilleux, il s'était forcé à la douceur et à la patience. Un jour qu'il se promenait sur la place publique d'Athènes, cet Agora où chaque matin tout Athénien allait faire un tour, acheter ses provisions et s'informer des nouvelles, un homme du peuple s'attacha à ses pas en le couvrant d'injures.

— Tête d'oignon, criait-il, méchant voleur, rends-nous ce que tu as pris dans le Trésor public (Périclès n'avait rien pris, mais les Grecs s'accusaient volon-

---

* Les citoyens, qui se réunissent en Assemblée — *Ecclèsia*, en grec — sur l'Agora, ne votent pas seulement les lois, mais aussi l'ostracisme, c'est-à-dire la condamnation à l'exil pour dix ans frappant tout citoyen soupçonné d'avoir trahi ou de vouloir s'emparer du pouvoir (voir Entracte, p. VII).

tiers de voler l'argent de l'État). Ivrogne ! tu achètes les votes, tu paies les orateurs publics. Tu voudrais devenir tyran, satrape du Roi des Perses ; quand reçois-tu ta charge de dariques ? etc.

— Maître, disaient les esclaves du stratège, permets-nous de corriger ce vilain bonhomme.

— Périclès, s'écriaient ses amis, es-tu sourd ? Pourquoi laisses-tu ce méchant fou te couvrir d'injures ?

— Laissez-le, je vous prie, je ne l'écoute pas, répondait l'orateur. Chacun, dans notre ville, est libre de dire ce qui lui plaît. Sommes-nous à Sparte ? Avons-nous perdu la liberté d'ouvrir la bouche ? Ne troublez pas le plaisir qu'il prend à m'insulter.

Périclès parcourut sans s'émouvoir l'Agora, fit des achats, rencontra ses amis, s'informa des nouvelles ; et comme le soleil montait et que ses rayons se réverbéraient durement sur le calcaire blanc des monuments et des pavés, il entra chez un parent pour y prendre le repas du milieu du jour.

Le fou, vexé de n'avoir pu ébranler la patience de sa victime, s'assit à l'ombre du toit et se prépara en grommelant à attendre qu'il sortît.

— Laissez-le bien en paix, ordonna Périclès aux serviteurs qui s'apprêtaient à chasser le misérable à coups de bâton.

Quand Périclès reprit sa route, l'homme était toujours là et se remit, avec la patience des ivrognes et des insensés, à poursuivre l'orateur de ses insultes. Au Conseil où Périclès se rendit pour discuter des affaires de l'État, à la Palestre où il alla voir ses fils qui s'exerçaient à lancer le javelot, il supporta sans mot dire les injures. Le soir vint. Périclès retourna chez lui. L'individu épuisé, mais tenace, le poursuivait toujours. Devant la porte de sa maison, l'homme d'État attendit quelques instants. Tirant la jambe, essoufflé, poussiéreux, le fou le rejoignit enfin.

— Voleur... vendu... canaille ! s'écria-t-il une fois encore d'une voix rauque, en tendant vers l'orateur un poing impuissant.

Périclès le considéra avec pitié, et une douceur qui n'était pas feinte. Puis, se tournant vers ses esclaves qui, rangés en demi-cercle, attendaient que le maître voulût bien entrer chez lui :

— Va, Phormion, dit-il, prends un flambeau et accompagne ce citoyen chez lui.

Sous la direction de Périclès, la ville d'Athènes connut une inégalable prospérité. Tandis que les vaisseaux athéniens sillonnaient les mers, rappelant les alliés à l'obéissance, Périclès fit bâtir, sur la citadelle sacrée, l'Acropole, un merveilleux ensemble de monuments en l'honneur de la déesse protectrice de la ville, Athéna, fileuse et guerrière, dont la main lance la navette, tourne le fuseau ou manie la pique à la pointe entourée d'éclairs.

Il choisit, pour bâtir à la « jeune fille » divine, Athéna Parthéné, comme disaient les Grecs, ce temple que les Grecs nommèrent le Parthénon, Ictinos, l'architecte, et le sculpteur Phidias, gloires de leur temps. Un peuple d'artisans et d'ouvriers enthousiasmés, maçons, charpentiers, forgerons, tailleurs de pierre, orfèvres, brodeurs d'ornements sacrés se précipita à l'ouvrage. Le niveau d'eau en main, les ingénieurs calculèrent les courbes subtiles qui permettent de satisfaire aux exigences de la perspective. Le ciseau des sculpteurs dégrossit le marbre, reproduisant sur la frise la procession qui, chaque année, portait à la déesse le voile brodé par les jeunes filles nobles de la ville. L'un de ces artisans, le plus adroit d'entre eux, tomba un jour du haut d'un échafaudage, et comme on désespérait de sa vie, Périclès en fut fort affligé. La déesse apparut en songe au blessé, à ce qu'on raconte, et lui indiqua elle-même un remède qui le sauva. Quelle meilleure preuve que les dieux eux-mêmes bénissaient l'ouvrage entrepris pour leur plaire ? En reconnaissance, Périclès fit fondre en bronze la statue d'Athéna. Enfin Phidias employa toute la force de son génie à dresser à l'intérieur du Parthénon une magnifique statue d'Athéna chryséléphantine, c'est-à-dire d'ivoire et d'or, casquée, bouclier au côté et tenant sur sa main une Victoire*, les ailes battantes.

Mais le peuple athénien était taquin et tracassier. Il ne pouvait souffrir qu'un citoyen demeurât longtemps au pouvoir sans lui faire sentir combien ce pouvoir était fragile. N'osant s'attaquer à Périclès lui-même, de méchantes gens calomnièrent Phidias, son ami, chargé de la surveillance générale des travaux, importante fonction que beaucoup convoitaient. On l'accusa d'avoir retenu pour lui-même une partie des matériaux précieux que le Trésor public lui avait remis lorsqu'il fabriquait la statue de la déesse. Phidias ne fit que sourire de cette manœuvre. Prévoyant depuis longtemps qu'il pourrait être en butte à de semblables calomnies, il avait fixé les matériaux précieux sur la statue de telle façon qu'il était impossible de les détacher sans gâter l'ouvrage. Ce qu'il fit. On pesa l'or, l'argent, l'ivoire, et le sculpteur fut renvoyé absous.

Quelque temps après, on murmura que les constructions de l'Acropole coûtaient bien cher à l'État.

— Ces temples sont admirables, sans doute, disait-on, et la déesse en sera fort contente, mais le Trésor est vide, les impôts accablent le peuple. Ce n'est pas Périclès qui paie tout cela !

---

* Victoire se dit *Nikè* en grec. À l'entrée de l'Acropole, un petit temple était consacré à Athéna Nikè.

Périclès fut informé de ces bruits malveillants. Il se rendit à l'Assemblée sur cette colline de la Pnyx, face à l'Acropole, d'où l'on voyait s'élever, sur la colline sacrée, les monuments neufs avec leurs marbres, leurs sculptures peintes, leurs statues étincelantes. Il monta à la tribune, simple dalle de pierre détachée du sol calcaire.

— Voyez, dit-il au peuple, ces magnifiques bâtiments. Ils seront quelque jour la gloire de notre ville, et ceux qui franchiront les mers pour les admirer répéteront de retour dans leurs villes : « Les fils d'Athènes ont bâti pour leur déesse les plus beaux temples du monde entier. »

— Ils coûtent trop cher, cria la foule.

Périclès se pencha sur la tribune :

— Croyez-vous vraiment, citoyens d'Athènes, que le Trésor a fourni trop d'argent ?

— Beaucoup trop ! Beaucoup trop !

— Eh bien, citoyens d'Athènes, ils ne vous coûteront rien. Pas un talent, pas une drachme ne sortira plus du Trésor et tout ce que l'on a déjà versé aux ouvriers et aux entrepreneurs, tout sera remboursé.

— Et qui donc paiera ?

— Moi-même.

Le silence de la stupeur accueillit sa parole.

— Moi-même, reprit l'orateur. Mais on gravera sur les frontons : « Périclès, fils de Xanthippe, a lui-même fait élever ces temples et les a dédiés aux dieux. »

Une tempête de cris arrêta Périclès. Saisis d'admiration pour la magnificence du grand homme, ou refusant de lui céder la gloire d'une pareille entreprise, le peuple criait, hurlait :

— Prends tout ce que tu voudras, puise dans les caisses, tu as toute notre confiance, les dieux te conservent à notre affection !

Mais les dieux ne favorisèrent pas toujours celui qui les avait si magnifiquement honorés. Périclès, enivré par ses succès et la gloire d'Athènes, fit porter contre la ville de Mégare une loi qui la traitait durement. La rivale politique d'Athènes, Lacédémone, qui groupait autour d'elle les autres villes du Péloponnèse, saisit l'occasion. Polyarcès, ambassadeur spartiate, demanda audience au Conseil d'Athènes, et pria qu'on retirât le décret contre les Mégariens gravé sur une dalle de pierre.

— Il est contraire à nos lois, dit sèchement Périclès, de retirer un décret une fois voté par le peuple.

— Ne le retirez pas, répondit en souriant le Spartiate, il suffit de le retourner.

Mais ce conseil narquois ne fut pas suivi. Les dieux, dit-on, aveuglent ceux qu'ils veulent perdre. Périclès s'obstina et les Lacédémoniens envahirent l'Attique, coupant les oliviers, arrachant les vignes, brûlant les bourgs. Périclès, rappelant son ancienne prudence, refusa de livrer bataille. Il ordonna à tous les paysans d'abandonner leurs propriétés sans combattre, et de se renfermer dans Athènes à l'abri des fortifications. La flotte athénienne quitta le Pirée* pour porter à son tour le fer et le feu dans le Péloponnèse. L'exode, avec toutes ses misères, commença. Le cortège lamentable des réfugiés, poussant les bêtes, tirant les femmes et les enfants sur les charrettes, s'écoula vers la ville ; jour après jour, Athènes s'emplit à déborder de ces pauvres gens affolés, désolés, affamés, quêtant un refuge chez un parent, chez un ami et, quand toutes les maisons furent pleines, dans les monuments publics, au sein des temples, jusque sur les genoux des dieux. L'été brûlait tout de sa chaleur

* Le port d'Athènes, à quelques kilomètres de la ville.

implacable, l'eau manquait, les gens entassés étouf-
faient. Bientôt un bruit terrifiant courut : « La
peste ! » Plus redoutable que les soldats de Lacédémone, le fléau eut tôt fait d'abattre la moitié du peuple d'Athènes. Il se répandait comme un incendie.
Dix malades, cent malades, mille malades gisaient sur
les lits de pourpre ou sur les grabats, la gorge enflée,
la peau purulente, implorant de l'eau, des soins qui
ne pouvaient pas venir. Ils encombraient les maisons,
les cours, les rues, les places publiques, et les cadavres qu'on n'osait brûler ni ensevelir, de peur d'y porter la main, infectaient les derniers vivants valides.
Les animaux eux-mêmes, les chiens domestiques, les
bœufs ramenés des champs périssaient en foule. Quelques convalescents, verdâtres, se regardaient avec surprise, n'osant croire qu'ils avaient survécu.

Et la peste frappa la maison de Périclès. Son fils
aîné mourut, puis la sœur du stratège, puis ses plus
fidèles serviteurs, les amis qu'il consultait dans ses
difficultés. Conscient qu'il lui fallait donner l'exem-
ple, Périclès tentait de conserver son calme, d'accueillir fermement les deuils de l'homme privé, les
angoisses de l'homme d'État. Il lui restait un fils,
Paralos, seul espoir de sa race. Hélas ! le jeune
homme, frappé du mal terrible, succomba. Le jour
où il dut placer sur le front de son fils la couronne
des morts, le père chancela. Pris d'une défaillance
soudaine, pour la première fois de sa vie, il répandit
un torrent de larmes, éclata en plaintes et en sanglots.
Puis, ramenant son manteau sur sa tête, il s'enferma
dans sa maison, refusant de paraître en public.

Il ne tarda pas à tomber malade à son tour en septembre 429. Le mal le rongea pendant de longs jours
— sans violence — mais sans qu'on pût l'arrêter.
Bientôt il entra en agonie. Autour de son lit, ses amis,
les yeux pleins de larmes, rappelaient ses mérites :

— Il a élevé neuf trophées de victoire, disait l'un.

— Il gagnait tous les cœurs par son éloquence, disait l'autre.

Et ainsi, à la ronde.

Le stratège mourant ouvrit les yeux.

— Ce n'est pas là, mes amis, mon meilleur titre à la gloire. Dites plutôt que je n'ai jamais fait prendre le deuil à aucun citoyen.

Il avait à peine prononcé ces mots qu'il expira.

Après lui s'éteignit la gloire d'Athènes. Elle fut vraiment vaincue et ne retrouva jamais sa prospérité.

ENTRACTE

LE QUOTIDIEN
DE
L'OLYMPE

PETITES
ANNONCES

Pendant que sur la terre des alliances se font et se défont entre les peuples, sur le mont Olympe les dieux font paraître des petites annonces dans leur « Quotidien ».

Pour vous aider à identifier leurs auteurs, des mots ont été inscrits en caractères gras : ils correspondent aux attributs ou à la fonction de chaque divinité. Quand vous aurez reconnu dieux et déesses, associez leur image (de I à XII) à leur nom.

∗ Deux divinités n'ont rien publié : normal ! L'une est trop occupée à entretenir la flamme du foyer sacré ; l'autre vit dans son royaume souterrain et ne l'a quitté qu'une seule fois pour enlever la douce Koré (p. 92) à l'amour de sa mère. Nous ne possédons que leur image : saurez-vous les nommer ? _ _ _ _ _ _ et _ _ _ _ _ .

OFFRES D'EMPLOIS

1. J.F. très occupée par son exceptionnelle **beauté**, comme l'atteste tous les jours son **miroir**, cherche personne de confiance pour entretenir flammes de **l'amour**. Prenez rendez-vous avec ... N° ...

2. Comédien et bon vivant souhaite embaucher serviteur pour l'aider à retrouver ses chères **vignes** quand il est un peu **ivre**. Contactez ... N° ...

3. Sage déesse, très prise par la **guerre**, prendrait sous son **égide** celui ou celle qui s'occuperait de sa **chouette** pendant son absence. Appelez ... N° ...

À VOTRE SERVICE

A. Coursier aussi sage que la **tortue** et plus rapide que le lièvre, grâce à ses **sandales ailées**, transmet tous vos **messages** avec discrétion. Faites signe à ... N° ...

B. Farouche déesse aux yeux de **biche** propose séances de tir à **l'arc** au clair de **lune** ; séducteurs s'abstenir. Écrivez à ... N° ...

C. Votre mari fait le **paon** devant des demoiselles ; vous avez envie de lui lancer une **grenade** : gardez votre calme et faites confiance à la **divine épouse** ... N° ...

4. Bienveillante **agricultrice** embauche des saisonniers pour moissonner ses **blés**. Rendez-vous chez … N° …, à l'enseigne de la divine **faucille**.

5. Habile **forgeron** cherche serviteur pour distraire son **âne** pendant qu'il frappe l'enclume de son puissant **marteau**. Prenez vite contact avec … N° …

6. **P-DG** dynamique et exigeant demande maître fauconnier expérimenté pour garder **l'aigle royal** pendant qu'il **foudroie** le cœur de quelque mortelle. Signé … N° …

D. Musiciens, vous voulez savoir qui gagnera le prochain concours de **lyre** et recevra un rameau de **laurier** ? Consultez le plus grand **oracle**, celui d'… N° …

E. Vous voulez jouer avec les **dauphins** en **mer** Égée ? Nos GO vous attendent à l'enseigne du **trident** fourchu : voyagez avec … N° …

F. Amoureux de la **guerre** cherche territoires à **attaquer** de son infatigable **épée**. Lancez un appel à … N° …

Solutions p. XXXI.

DES DIEUX AUX HOMMES ILLUSTRES

Quatre Grecs célèbres se dissimulent dans ces charades ; saurez-vous les reconnaître ?

> 1 = Toute l'histoire grecque se situe avant la nôtre.
> 2 = Poème lyrique qui célébrait un athlète grec vainqueur aux grands jeux.
> 3 = Les vendangeurs de Dionysos en portaient une.
> 1+2+3 = Le Père de l'histoire, premier rédacteur des récits que vous venez de lire.

> 1 = Vingt-sixième lettre de l'alphabet grec.
> 2 = À la fin ou au début de chaque jour.
> 3 = C'est un champion !
> 1+2+3 = Il employa son génie à dresser une statue d'Athéna à l'intérieur du Parthénon.

> 1 = Synonyme de « élevé ».
> 2 = Exclamation de Xénophon quand il vit « la seconde patrie des Grecs ».
> 1+2 = Alexandre le Grand vénérait les héros de son *Iliade*.

> 1 = Seizième lettre de l'alphabet grec.
> 2 = C'est le nom que l'on donne aujourd'hui aux graffiti.
> 3 = Entre dans la composition d'une statue chryséléphantine.
> 1+2+3 = Très grand mathématicien rendu célèbre par son fameux théorème.

Solutions p. XXXI.

À CHACUN SA RUSE

De la tyrannie de Pisistrate aux guerres médiques, rois ou simples soldats ont souvent imaginé d'ingénieuses ruses pour parvenir à leurs fins ou tromper leurs adversaires. En voici quelques-unes (de I à VI) que vous devez associer aux événements (de A à F) qui les ont inspirées. Quand vous aurez établi les six correspondances, reportez vos réponses dans la frise ci-dessous, en respectant l'ordre chronologique des faits.

A. ~ 499 : Histié, tyran de Milet, retenu prisonnier par le roi Darius, enjoint à sa ville de se soulever contre les Perses.

B. 480 : Un espion spartiate réussit à avertir ses concitoyens que le roi Xerxès s'apprête à envahir la Grèce.

C. ~ 520 : Le tyran Pisistrate, expulsé d'Athènes, veut rentrer dans sa ville pour reprendre les rênes du pouvoir.

D. 481 : Pour parvenir en Grèce, le roi Xerxès décide de traverser avec son armée l'Hellespont.

E. 550 : Le roi Cyrus veut mettre en difficulté les troupes du roi Crésus qui l'a attaqué avant d'assiéger Sardes.

F. 532 : Polycrate, tyran de Samos, veut se débarrasser des Spartiates venus soutenir ses concitoyens en révolte contre lui.

I. Il fait lier des bateaux plats et larges avec des cordages en lin afin de construire une sorte de passerelle.

II. Il les corrompt en leur offrant abondance de pièces d'or à son effigie mais il les trompe : c'étaient des pièces en plomb, roulées dans de la poudre d'or !

III. Il envoie ses chameaux et ses chamelles en première ligne : leur odeur est insupportable pour la cavalerie adverse.

IV. Il tatoue « révolte » sur le crâne d'un esclave, puis l'envoie, peu après, se faire raser dans sa ville.

V. Il déguise sa servante en Athéna au casque étincelant et à l'égide effrayante, puis l'installe sur son char : sa vue inspire la terreur !

VI. Il prend deux tablettes de bois, enlève la cire qui les recouvre, grave un message et répand une nouvelle couche de cire. Il cachette alors les tablettes et les fait porter dans sa ville.

Lettres					
Chiffres					

Vous avez des doutes ou bien vous voulez vérifier l'exactitude de vos réponses ? Consultez les chapitres VI-4, VII, VIII et IX-1 et 2 ainsi que la chronologie proposée dans cet Entracte.

TABLEAU CHRONOLOGIQUE

Que de guerres, d'événements politiques ou culturels, de noms prestigieux dans l'histoire grecque ! Si vous vous sentez un peu perdu(e), consultez ce tableau.

Pour vous aider à vous repérer, les noms des **Grecs** sont inscrits en caractères gras, ceux des *Perses* en italique et ceux des <u>Macédoniens</u> sont soulignés.

Principaux faits historiques	Hommes célèbres
776 : instauration des jeux Olympiques (base du calendrier des Grecs qui comptent par olympiade = quatre ans).	IXe s. **Homère**
	IXe-VIIIe s. **Lycurgue**
	VIIIe s. **Hésiode**
625 : législation **Dracon** à Athènes.	VIIe-VIe s. **Ésope**
594 : réforme de **Solon** à Athènes.	558 : mort de **Solon**
561-527 : tyrannie de **Pisistrate**.	547 : mort de **Thalès**
550 : en Perse, avènement de *Cyrus* ; affrontement avec **Crésus** → conquête de l'Ionie par les Perses.	525 : naissance d'**Eschyle**
510 : chute des **Pisistratides**.	
499 : en Ionie, à Milet, révolte des colons grecs contre la domination des Perses de *Darius*, intervention d'Athènes aux côtés des Ioniens.	
496-490 : prise de Milet par *Darius* ; invasion de la Grèce par les Perses → première guerre médique.	496/4 : naissance de **Sophocle**
490 : (13 sept.) victoire athénienne à Marathon.	484 : naissance d'**Hérodote**
481-480 : deuxième guerre médique ; expédition en Grèce de *Xerxès* ; défaite des Grecs aux Thermopyles ; Athènes envahie par les Perses.	480 : mort de **Pythagore**
480 : (29 sept.) grâce à **Thémistocle**, défaite des Perses à Salamine.	480 : naissance d'**Euripide**
479 : bataille de Platées → déroute perse.	
477 : ligue de Délos ; hégémonie d'Athènes (jusqu'en 430).	470 : naissance de **Socrate**
449-447 : négociations de paix avec les Perses ; fin des guerres médiques ; constructions à Athènes (dont le Parthénon).	Ve s. **Phidias** ; **Ictinos**

444-429 : gouvernement de **Périclès**.

431 : début de la guerre du Péloponnèse ; Attique envahie par les Spartiates.

430 : peste à Athènes.

415-413 : désastreuse expédition athénienne dirigée par **Alcibiade** en Sicile.

405 : bataille d'Aigos-Potamos → victoire de Sparte sur Athènes.

404 : fin de la guerre du Péloponnèse.

401-400 : expédition des Dix Mille en Asie Mineure dirigée par **Xénophon** pour soutenir *Cyrus le Jeune* contre *Artaxerxès*.

371 : bataille de Leuctres → Spartiates vaincus par les Thébains d'**Épaminondas** ; hégémonie thébaine.

362 : bataille de Mantinée → défaite de Thèbes. Ruine des cités grecques.

357-336 : Philippe de Macédoine conquiert la Grèce (victoires à Élatée, Chéronée).

336 : avènement d'Alexandre le Grand.

334-323 : expédition d'Alexandre dans l'Asie de *Darius* → victoires du Granique, d'Issos, de la Sogdiane…

323 : mort d'Alexandre.

445 : naissance d'**Aristophane**

429 : mort de **Périclès**

428 : naissance de **Platon**

399 : mort de **Socrate**

384 : naissance de **Démosthène** et d'**Aristote**

ATHÈNES ET LA DÉMOCRATIE

L'HÉLIÉE	LA BOULÈ ou **Conseil**	LES MAGISTRATS
6 000 Héliastes. Tirés au sort pour 1 an. Rendent la justice civile dans les tribunaux.	500 Bouleutes. Tirés au sort pour 1 an. Préparent les lois. Conseillent l'Assemblée.	9 archontes, 10 stratèges qui : • commandent l'armée, • font appliquer les lois.

↑ ↑ ↑

ECCLÈSIA ou Assemblée de tous les citoyens.
Délibère. Vote les lois, la guerre ou la paix, l'ostracisme.
Élit les stratèges tous les ans. Contrôle les magistrats.

CITOYENS 35 000 à 40 000	NON-CITOYENS Femmes, enfants, métèques, esclaves. Environ 290 000

MESSAGES SIBYLLINS

À l'origine, **Sibylle** serait le nom d'une jeune fille dont l'identité varie selon les légendes : qu'elle soit fille de Zeus pour les uns, du roi troyen Dardanos pour les autres, ou encore d'une nymphe de Lydie, tous lui reconnaissent le don de prophétie traditionnelle-ment accordé par Apollon, ce qui lui vaut une illustre réputation de devineresse en même temps qu'une extraordinaire longévité. Par la suite, le nom de « sibylle » finit par devenir un terme générique pour désigner la fonction de prêtresse chargée de faire connaître les oracles du dieu Apollon.

À **Delphes**, dans le plus célèbre sanctuaire consacré à Apollon, cette fonction est exercée par **la Pythie** dont le nom rappelle la victoire du dieu sur le serpent Python (voir *Contes et légendes mythologiques*, parus dans la même collection, p. 92). Dans la salle la plus reculée de son temple, assise sur le trépied sacré, elle prophétise l'avenir en prononçant des paroles proprement « sibyllines », aussi énigmatiques que propices aux interprétations les plus variées. Tout au long de l'Antiquité, les Grecs comme les étrangers viennent donc de fort loin consulter la Pythie pour lui poser des questions sur leur situation à venir et tenter de connaître par ses réponses les solutions à suivre pour la réussite de leurs projets.

Dans les archives du temple d'Apollon, vous avez découvert l'un des précieux livres « sibyllins » où les prêtres ont consigné les rapports de visites célèbres à l'oracle, mais pour protéger le secret de la prédiction chaque réponse de la Pythie a été codée : à vous d'en déchiffrer le message.

Quand vous aurez pris connaissance de la question posée par le(s) visiteur(s), vous devrez donc :

*• **rétablir la phrase « sibylline » prononcée par la Pythie :** le manuscrit sur lequel elle a été recopiée a été découpé en cinq bandes verticales que les prêtres ont ensuite recollées en désordre (en replaçant ces bandes dans leur ordre initial, vous parviendrez à lire la réponse) ;*

*• parmi les trois propositions avancées pour interpréter la réponse « sibylline », retrouver celle qui fut **la démarche adoptée par le « consultant »** pour se conformer à l'oracle (vous pourrez voir ainsi que la conséquence n'en fut pas toujours bénéfique).*

I - C'est en 809 av. J.-C. que Lycurgue aurait « composé les lois qui portèrent son nom et assurèrent à Sparte, avec sa gloire, une originalité dont le souvenir est parvenu jusqu'à nous » (pp. 25-26). Une fois son travail de législateur terminé, Lycurgue se rend à Delphes pour consulter Apollon, non sans avoir fait promettre à ses compatriotes de respecter ses lois au moins jusqu'à son retour.

Question : « **Mes lois sont-elles bonnes ?** »

Réponse :

- 1 -	- 2 -	- 3 -	- 4 -	- 5 -
TES	QUE	FAI	TANT	PAR
TÉ	CON	CI	LES	TA
RA	LE	VE	EL	SER
CE	LA	FA	RA	EF
DE	TES	RE	TOU	GLOI
TRES	LES	AU	VIL	LES

Interprétation :

Le consultant décide de :

  A - revenir à Sparte déguisé en mendiant pour surveiller ses compatriotes en cachette ;

  B - se laisser mourir de faim après avoir mis la réponse par écrit afin de la faire parvenir aux Spartiates ;

  C - partir faire un tour de Grèce pour rencontrer d'autres législateurs célèbres afin d'échanger des idées avec eux.

II - En 547 av. J.-C., Cyrus II dit « le Grand », roi des Mèdes et des Perses (fondateur de la dynastie achéménide), traverse le Tigre pour étendre son empire jusqu'au fleuve Halys (voir carte, pp. XXVI-XXVII) où il se heurte à Crésus, roi de Lydie. Crésus envoie alors des ambassadeurs à Delphes pour savoir s'il doit entreprendre le combat.

Question : « **Faut-il prendre les armes contre les Perses ?** » (p. 47)

Réponse :

- 1 -	- 2 -	- 3 -	- 4 -	- 5 -
LA	FA	SI	IS	TU
ROI	RE	GU	AU	ER
ORS	SES	DES	AL	PER
UN	TRU	TU	IRAS	DÉ
RE	EM	GR	PI	AND

Interprétation :

Le consultant décide de :

A - renoncer à tout projet de guerre et rester paisiblement sur ses terres ;

B - déclarer la guerre à Cyrus et attendre qu'il prenne l'initiative d'envahir son royaume ;

C - franchir l'Halys et passer en Cappadoce dans l'espoir d'y vaincre Cyrus et son armée.

III - Peu de temps après, Crésus consulte l'oracle une deuxième fois.

Question : « **Mon empire durera-t-il longtemps ?** » (p. 48)

Réponse :

- 1 -	- 2 -	- 3 -	- 4 -	- 5 -
MU	LORS	UN	LET	QU'
DRA	DE	EN	ROI	VI
AL	DES	DES	ORS	MÈ
EN	TOI,	DI	AUX	LY
GI	PI	FRA	LES,	EDS
TE	NE	SIS	PAS	RÉ
GIS	ET	ROU	PAS	NE
LÂ	D'	RE	CHE	ÊT

Interprétation :

Le consultant décide de :

A - rechercher des alliances en pensant que jamais on ne verra un mulet assis sur un trône ;

B - faire tuer tous les mulets d'Asie ;

C - tendre un piège au roi des Mèdes en l'invitant à la cour sous prétexte de négocier et se déguiser en mulet pour l'accueillir.

IV - En 509 av. J.-C., les deux fils du roi de Rome Tarquin le Superbe (voir p. 13), accompagnés de leur cousin Brutus, viennent consulter l'oracle pour savoir lequel d'entre eux doit succéder à leur père.

Question : « **Qui régnera à Rome ?** »

Réponse :

- 1 -	- 2 -	- 3 -	- 4 -	- 5 -
VE	SOU	DE	LE	RAIN
SE	ME	CE	RO	RA
LE	QUI	MIER	LUI	PRE
RA	NE	BAI	DO	UN
SA	À	RE	SER	MÈ

Interprétation :

Les consultants décident de :

A - rentrer le plus vite possible à Rome pour serrer leur mère dans leurs bras ;

B - se jeter dans les bras de la Pythie pour l'embrasser ;

C - faire semblant de tomber par terre accidentellement pour poser les lèvres sur le sol.

V - En 480 av. J.-C., alors que l'armée de Xerxès est aux portes d'Athènes, ses habitants supplient l'oracle de leur donner un conseil.

Question : **« Comment arrêter l'invasion des Perses ? »** (p. 90)

Réponse :

- 1 -	- 2 -	- 3 -	- 4 -	- 5 -
MAÎ	DI	LE	DES	TRE
PRO	SA	EUX	A	MET
RE	QUE	CHÈ	LE	FIL
LE	TER	SEU	FOR	UNE
DE	TE	ESSE	RES	BOIS
IM	BLE	RA	NA	PRE

Interprétation :

Les consultants décident de :

A - fabriquer une enceinte de planches autour de l'Acropole pour se réfugier à l'intérieur de celle-ci ;

B - renforcer les fortifications appelées « longs murs » qui protègent la route reliant Athènes à son port du Pirée ;

C - procéder à l'armement de la flotte pour la tenir prête à un combat naval le plus rapidement possible.

Solutions p. XXXI.

SPARTIATE OU ATHÉNIEN ?

*La Grèce se déchire, les deux grandes cités rivales vont s'affronter dans la terrible guerre du Péloponnèse. Une machine à remonter le temps vous a déposé(e) parmi les combattants et vous êtes obligé(e) de choisir votre camp : **êtes-vous du côté de Sparte ou d'Athènes ?** ....*

Pour vérifier si vous avez fait le choix correspondant à votre personnalité, prenez le temps de répondre, en toute sincérité, à ce jeu-test.

I. Vous êtes vainqueur aux jeux Olympiques ; en plus de la traditionnelle couronne d'olivier, vous souhaitez, comme récompense :
- **a -** « une gloire éternelle » (p. 5)
- **b -** « l'honneur de marcher au combat le premier à côté du roi » (chap. IV)

II. « D'un jeune homme courageux qui se refuse le moindre plaisir pour ne songer qu'à son devoir », vous diriez :
- **a -** qu'il est digne d'estime et que vous approuvez sa sagesse (chap. IV)
- **b -** qu'il a tort de se priver des joies de la vie

III. La société que vous souhaitez :
- **a -** vous êtes favorable au partage de la terre en parties égales, réparties équitablement entre chaque citoyen (chap. IV)
- **b -** vous préférez posséder un grand domaine et tant pis pour votre voisin s'il a moins de terre

IV. Vous êtes citoyen et vous possédez des terres cultivables :
- **a -** vous partagez votre temps entre les travaux agricoles, le marché où vous retrouvez des amis et les affaires publiques (p. 97)
- **b -** vous passez vos journées entre hommes à ne vous occuper que de la guerre ou à gouverner le pays et vous laissez à vos hilotes le soin de cultiver vos terres (chap. IV)

V. Messieurs, pour vous habiller, votre premier souci est :
- **a -** l'économie : vous gardez, en toutes circonstances, un manteau de laine grossière, peu seyant mais pratique et inusable (chap. IV)
- **b -** l'élégance : sur votre poitrine, vous drapez un manteau de laine fine qui découvre l'une de vos épaules (p. 149)

VI. Et vous, mesdames, vous privilégiez :
  a - la coquetterie : vous vous drapez avec raffinement dans de longues et amples tuniques en laine ou en lin, retenues à la taille et aux épaules (p. 32)
  b - le confort : vous ne vous sentez à l'aise que dans « des robes courtes, arrêtées aux genoux et serrées par une ceinture » (p. 149)

VII. Pour vos repas :
  a - vous considérez que plus vous êtes mince, plus vous êtes agile, et vous vous contentez d'un repas frugal dont le plat principal est un brouet noir (chap. IV)
  b - vous appréciez la saveur des mets les plus fins : lièvres rôtis, alouettes farcies, poissons grillés, gâteaux, olives, fruits, et qu'importent les kilos superflus ! (p. 152)

VIII. Pour votre sécurité, vous préférez :
  a - vivre dans une citadelle aux limites bien définies, protégées par une armée et de puissantes murailles
  b - habiter un territoire sans limites ni murailles, défendu par une valeureuse armée (chap. IV)

IX. Pour bien vous faire comprendre :
  a - « vous renfermez en peu de mots l'essentiel de votre réflexion » ; vos propos sont laconiques, mais précis et rigoureux (chap. IV)
  b - vous tâchez de gagner les cœurs par la force et la grâce de votre éloquence et vous n'hésitez pas à remplir votre bouche de cailloux pour vous exercer à prononcer distinctement (pp. 96, 155)

X. « À sa naissance, le nourrisson est énergiquement lavé dans un bain de vin ; les plus faibles ne résistent pas à ce traitement. » Vous trouvez que :
  a - cela est très bien, la patrie n'a pas besoin d'enfants chétifs (chap. IV)
  b - c'est une honte ! Laissez-les vivre, chacun a sa place dans la société

XI. Pour un nouveau-né, vous trouvez normal :
  a - qu'il soit douillettement emmailloté dans des langes fins
  b - qu'il puisse gigoter à l'aise, sans l'entrave d'un quelconque lange (chap. IV)

XII. Pour un enfant de sept ans, vous considérez :
  a - qu'il est doux de vivre dans le cocon familial et de jouer librement aux osselets, aux dés ou à la poupée (p. 149)
  b - qu'il est préférable de quitter les siens et de rejoindre des camarades du même âge, sous la surveillance de jeunes gens qui feront son éducation (chap. IV)

XIII. En matière de formation :
- **a -** vous estimez que « la connaissance des lettres de l'alphabet » suffit à la culture et vous donnez la priorité aux activités physiques (chap. IV)
- **b -** vous cultivez les qualités physiques et vous prenez plaisir à développer les facultés intellectuelles par la fréquentation des sages (pp. 107, 158-159)

XIV. Au sujet des femmes :
- **a -** vous aimez les dames de la bonne société qui s'occupent avec discrétion et modestie de leur foyer et ne « sortent guère », mais toujours « accompagnées de leur servante » (p. 32)
- **b -** vous fréquentez volontiers celles qui consacrent la plus grande partie de leur temps à des activités sportives, hors de chez elles (p. 32)

XV. Vous rendez plus volontiers un culte :
- **a -** à Artémis, « la chasseresse que l'on représente volontiers en tunique courte, l'arc à la main » (p. 33)
- **b -** à Héra, « la reine des mères et des épouses », qui défend jalousement les obligations conjugales (p. 38)

XVI. Vous attendez des nouvelles d'une bataille où vos fils sont engagés ; un messager vous apprend qu'ils sont tous morts :
- **a -** peu vous importe, ce qui vous intéresse, c'est de connaître l'issue de la bataille et où en sont les affaires de l'État (p. 34)
- **b -** vous déchirez vos vêtements, vous éclatez en plaintes et répandez un torrent de larmes (p. 103)

XVII. Votre mari revient précipitamment du combat sans son bouclier :
- **a -** vous êtes toute à la joie de le revoir et vous l'embrassez tendrement
- **b -** vous avez honte de lui et vous lui rappelez qu'à son départ vous lui avez tendu son bouclier en disant : « Reviens dessous ou dessus. » (p. 34)

XVIII. Une cité grecque menacée par l'avance des Barbares sollicite l'aide de vos soldats :
- **a -** vous lui demandez de patienter un peu, « vos lois interdisant que l'armée se mette en marche avant la pleine lune » (p. 71)
- **b -** vous mettez à sa disposition immédiate le meilleur de vos troupes, parce que vous avez fait serment de toujours défendre votre patrie, sa langue et sa religion

Il est grand temps de prendre les armes mais, auparavant, référez-vous au tableau ci-après : comptez un point par réponse et faites votre total pour savoir si vous avez fait le bon choix.

Profil athénien		Profil spartiate	
I : a	X : b	I : b	X : a
II : b	XI : a	II : a	XI : b
III : b	XII : a	III : a	XII : b
IV : a	XIII : b	IV : b	XIII : a
V : b	XIV : a	V : a	XIV : b
VI : a	XV : b	VI : b	XV : a
VII : b	XVI : b	VII : a	XVI : a
VIII : a	XVII : a	VIII : b	XVII : b
IX : b	XVIII : b	IX : b	XVIII : a

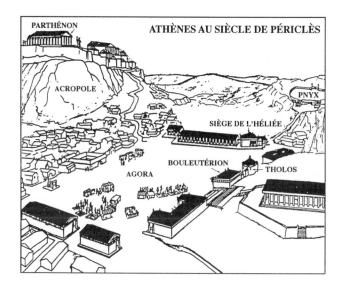

ATHÈNES AU SIÈCLE DE PÉRICLÈS

PARTHÉNON

ACROPOLE

PNYX

SIÈGE DE L'HÉLIÉE

BOULEUTÉRION — THOLOS

AGORA

UN MARATHON BIEN PARTICULIER

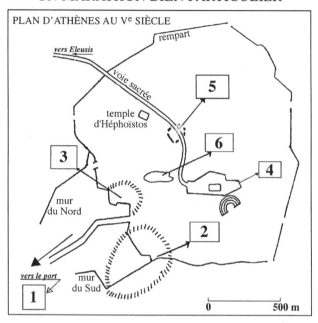

PLAN D'ATHÈNES AU Vᵉ SIÈCLE

Sur le plan ci-dessus, six sites particuliers sont repérés chacun par un numéro. Vous allez devoir parcourir la ville de site en site, le plus rapidement possible, mais pas obligatoirement dans l'ordre des numéros. De plus, votre parcours est parsemé d'épreuves ; une erreur vous pénalise en vous faisant perdre du temps. Votre cheminement est dicté par le tableau ci-contre qui comporte trois colonnes : à gauche un numéro, au milieu une « consigne », à droite un autre numéro où vous devez vous rendre après avoir lu ou exécuté en totalité la consigne de la colonne centrale.

Pour ne pas vous égarer, notez bien, dans l'ordre chronologique, les numéros de chaque consigne que vous exécutez et de chaque site où vous passez ou repassez. Si vous êtes perdu(e), relisez les chap. V, VI et VIII, et les pages XV et XX de l'Entracte.

Vous pouvez jouer à plusieurs : partez en même temps et vous vous classerez selon votre ordre d'arrivée. Ne trichez pas !

Courage : un marathon est une épreuve difficile !

Partez du numéro 00 ci-dessous, soit du site n° 1.

00	Départ du **site n° 1** : êtes-vous à *Salamine* ?	OUI	11
		NON	18
01	Erreur ! Revenez au départ.		00
02	Estimez-vous être sur la *colline des Muses* ?	OUI	22
		NON	52
03	Vous vous êtes trompé(e) de colline, revenez en arrière.		07
04	Vous vous êtes trompé(e) de colline, revenez en arrière.		07
05	Erreur ! Vous n'êtes pas sur une colline !		15
06	Vous vous êtes trompé(e) de colline, revenez en arrière.		07
07	Avant de quitter ce beau port du Pirée, regardez autour de vous tous ces fiers et puissants navires de guerre : ils possèdent trois rangs de rameurs superposés ; ce sont des *birèmes* ?	OUI	43
		NON	45
08	Inscrivez ici le nombre d'années de tyrannie de Pisistrate		
09	Vous avez raison ! C'est sur la Pnyx que se réunit l'Ecclèsia ou Assemblée du peuple.		44
10	Vous avez fait de graves erreurs, vous allez prendre du retard !		01
11	Non, Salamine est l'île d'où la flotte grecque a habilement vaincu les Perses ! Vous êtes dans un port ! Ne perdez pas plus de temps au départ !		17
12	Pour savoir de quel site repartir, ajoutez 32 au nombre d'années séparant les batailles de Marathon et de Salamine. Inscrivez ici le résultat de vos calculs		
13	Ne confondez pas la Pythie avec le tyran Pisistrate. Vous perdez du temps.		08
14	Quittez le **site n° 2** : le bruit des discours et des rumeurs de la foule conduisent vos pas ; vous vous précipitez pour entendre les orateurs qui parlent au peuple rassemblé.		24
15	Soyez plus perspicace ! Étudiez bien le plan d'Athènes avant de confondre une colline, plus ou moins sacrée, avec un endroit ordinaire où se joue la vie quotidienne de la Cité !		40
16	Bravo ! Vous êtes à mi-parcours. Quittez le **site n° 3**.		26
17	Vous êtes bien au port du *Pirée*. Continuez rapidement mais sûrement !		07

18	Vous êtes perspicace, continuez, vous avez toutes les chances d'arriver en tête.	17
19	Non ! Vous vous êtes trompé(e) de colline. Revenez en arrière.	31
20	Quittez maintenant le Pirée et dirigez-vous vers une des collines de l'horizon. Sur ce site, dit-on, se trouvait le sanctuaire des jeunes filles dont les chants et les danses égayaient les dieux et inspirent encore les artistes. Inscrivez ici le numéro qu'il porte sur le plan	
21	Non, vous vous êtes trompé(e) de numéro. Revenez en arrière.	31
22	Vous avez raison : profitez vite de son agrément, mais ne vous laissez pas trop charmer car une autre épreuve vous attend !	32
23	Non ! Vous vous êtes trompé(e) de colline. Revenez en arrière.	31

24	Vous arrivez sur une colline : êtes-vous sur la Pnyx ?	OUI	09
		NON	36

25	« Boulette » ! Repartez de la colline des Muses.	32

26	L'endroit où vous devez vous rendre a connu des événements terribles. Il doit son nom au dieu de la guerre qui y fut acquitté d'un crime par le tribunal de ses pairs. Il s'agit du site n° :	4 → rendez-vous en →	30
		5 → rendez-vous en →	35
		6 → rendez-vous en →	56

27	Non, l'Héliée était un tribunal civil : consultez la rubrique « Athènes et la démocratie ».	38
28	Vous perdez du temps ! Vous n'avez plus droit à l'erreur !	12
29	Odeurs de soufre ? Myrte et encens ? Ivresse des profondeurs ? Profondeur des oracles ? Apollon vous protège : sa prophétesse vous envoie sur le droit chemin.	14
30	Vous vous trompez de site, revenez sur la Pnyx.	62
31	Étudiez mieux le plan et notez bien le nom de chaque site correspondant à son numéro.	41

32	Vous ne quitterez pas cet endroit sans avoir fait vos dévotions au maître des Muses : il a installé à Delphes une jeune vierge qui prononce ses oracles et prédit l'avenir. Elle s'appelle la .... :	PYTHIE	29
		PISISTRATE	13

33	Bonne réponse. Dépêchez-vous d'effectuer la dernière étape : vous approchez du but !	60

34	Essayez de quitter de nouveau la colline des Muses.	32
35	Non.	30
36	Erreur ! Repartez de la colline des Muses.	32
37	Il est bien évident que l'*Aréopage* siégeait sur la *colline d'Arès* ! Quittez ce lieu austère vers un site très célèbre.	42
38	Vous avez noté au passage le nombre d'Héliastes ? Divisez ce nombre par 100, ajoutez 1 et inscrivez le résultat ici	
39	Ce mot n'existe pas ! Vous n'avez plus droit à l'erreur : soyez vigilant(e) et précis(e) !	46
40	Par la suite, soyez plus vigilant(e) ! Revenez en arrière. Bonne chance !	07
41	Vous avez mal situé la Pnyx sur le plan ! Vous allez perdre du temps : divisez par 10 le nombre des Bouleutes, ajoutez 1 et inscrivez ici votre résultat	

42	Chaque matin, tout Athénien s'y rend, pour acheter ses provisions et s'informer des nouvelles. C'est .... :	LE PORT	48
		L'AGORA	57
		L'ACROPOLE	59

43	Erreur ! Révisez votre vocabulaire : nos puissants navires de guerre s'appellent des *trières*. Recommencez votre tour d'horizon de ce beau port !	07

44	Les orateurs parlent d'un citoyen soupçonné de vouloir prendre le pouvoir illégalement : il risque d'être condamné à l'exil pour dix ans. Cette sanction s'appelle une *bouleute* ?	OUI	25
		NON	54

45	Ce sont des *trières*, évidemment !	20
46	Divisez par 10 l'année de la naissance de Socrate. Inscrivez votre résultat ici	
47	Recommencez la même opération avec l'année de l'avènement de Cyrus en Perse	
48	Erreur ! La mer est loin ! Comment se rendre à pied tous les matins de la ville au port !	28
49	Prenez le numéro de cette consigne. Ajoutez-lui le nombre d'années séparant les batailles de Salamine et de Platées. Inscrivez votre résultat ici	
50	Allez maintenant proposer un autre adjectif pour qualifier une statue en or et en ivoire.	60

51	N'attendez plus avant de reprendre ce marathon dans la belle cité d'Athéna !	62
52	Erreur : c'était bien la colline des Muses ! Vous allez revenir sur vos pas.	20
53	Non.	58
54	Non, bien sûr ! Un Bouleute est un membre de la Boulè. Il n'a rien à voir avec *l'ostracisme* qui condamne un citoyen à l'exil.	62
55	Allez maintenant donner le nom exact de l'horloge à eau.	57

56	Vous êtes bien arrivé(e) sur la *colline d'Arès* où a siégé le premier tribunal criminel. Il s'appelait :	L'HÉLIÉE	27
		L'ARÉOPAGE	37

57	Avant de quitter *l'Agora*, allez au tribunal de justice civile, l'Héliée. Vous y verrez l'horloge à eau qui, lors d'un procès, mesure le temps de parole des accusateurs et des accusés. Cet instrument s'appelle .... :	CLEPSYDRE	33
		HYDROMÈTRE	39

58	Vous avez classé à tort la statue d'Athéna dans un des ordres de l'art grec.	49
59	Erreur ! On ne fait pas ses courses sur la colline sacrée de l'Acropole !	28

60	Rendez-vous sur cette colline sacrée qui est ornée d'un merveilleux ensemble de monuments dédiés à Athéna, la déesse protectrice de la ville. Le Parthénon en particulier abrite sa fameuse statue d'or et d'ivoire ; elle est .... :	DORIQUE	53
		IONIQUE	58
		CHRYSÉLÉPHANTINE	63

61	Vous êtes sur le bon chemin : vous allez pouvoir corriger votre erreur.	56

62	Cette colline de la Pnyx est le site du plan n° .... :	3 → rendez-vous en →	16
		4 → rendez-vous en →	19
		5 → rendez-vous en →	21
		6 → rendez-vous en →	23

63	C'est la fin de vos épreuves : bravo ! Que la sagesse d'Athéna vous protège toujours !	FIN

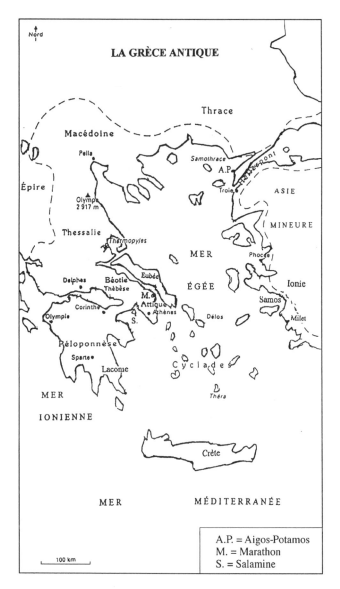

LA GRÈCE ANTIQUE

Nord

Thrace

Macédoine

Pella

Samothrace

A.P.

Hellespont

Épire

Olympe
2 917 m

Troie

ASIE

Thessalie

Thermopyles

MINEURE

MER

Phocée

Delphes

Béotie
Thèbes

Eubée

ÉGÉE

Ionie

Corinthe

M.
Attique
Athènes

Samos

Olympie

S.

Délos

Milet

Péloponnèse

Sparte

Laconie

Cyclades

MER

Théra

IONIENNE

Crète

MER   MÉDITERRANÉE

| A.P. = Aigos-Potamos |
| M. = Marathon |
| S. = Salamine |

100 km

LES COMPAGNONS DE BUCÉPHALE

Vous avez lu comment Alexandre a dompté Bucéphale, le puissant cheval « à la tête de bœuf » (p. 159), doté d'une taille — il passait pour être d'un tiers plus grand que la normale — et d'une résistance exceptionnelles.

Excepté à la bataille du Granique, où il avait dû traverser le fleuve à la nage, Alexandre a toujours mené l'assaut monté sur Bucéphale. C'est aux portes de l'Inde que le fier conquérant a la douleur de perdre son fidèle compagnon. Voici comment Aulu-Gelle, un auteur latin de la seconde moitié du IIe siècle après J.-C., raconte sa mort :

« C'était au cours de la guerre des Indes. Un jour Alexandre qui le montait, après des prodiges de valeur, s'était enfoncé imprudemment dans les rangs ennemis. Les traits pleuvaient de toutes parts sur lui ; le cheval reçut des blessures profondes à la tête et aux flancs. Frappé à mort et épuisé par la perte de son sang, il dégagea cependant son maître du milieu des ennemis, grâce à la rapidité de la course. À peine l'eut-il mis hors de portée des traits qu'il tomba, et, rassuré pour son maître, comme s'il était capable de sentiments humains, il expira avec la consolation de l'avoir sauvé. Alexandre, après la victoire qui termina cette guerre, fonda à l'endroit même une ville et l'appela Bucéphalon, en l'honneur de son cheval » (in *Les Nuits attiques*, livre V, chap. II, Classiques Garnier, 1934).

La force du lien qui unit le cavalier à sa monture constitue un thème souvent exploité dans les récits : le mythe et l'Histoire, l'épopée et le roman, la bande dessinée et le cinéma ont su tour à tour le mettre en scène. Voici donc toute une parade de coursiers qui pourraient être les compagnons de Bucéphale au panthéon des chevaux : ils se présentent à vous en quelques phrases où vous devrez rétablir les noms propres manquants (pour vous aider, ces noms sont cités par ordre alphabétique dans le tableau final).

1 - « C'est à tire-d'aile que je suis né du cou de la Gorgone _ _ _ tranché par _ _ _. Grâce à moi, _ _ _ a pu vaincre la terrible _ _ _. Je m'appelle _ _ _. »

2 - « Mon corps est celui d'un cheval, mais mon buste et ma tête sont ceux d'un homme : je suis un _ _ _. Ma sagesse est réputée ; c'est ainsi que j'ai élevé deux enfants qui sont devenus deux héros très célèbres : le premier, _ _ _, s'est illustré en combattant les Troyens, le second, _ _ _, en partant conquérir la Toison d'or. Je m'appelle _ _ _. »

3 - « Je suis un cheval de bois né de la ruse de l'astucieux _ _ _ ; grâce à moi les Grecs ont pu s'emparer de _ _ _, la ville jusque-là imprenable du roi _ _ _. »

4 - « Fils du dieu des vents _ _ _, aussi rapides que l'air qu'il souffle, nous sommes les chevaux du plus vaillant guerrier grec, _ _ _. Voyez comme il nous excite au combat et comme nous savons lui répondre (p. XXVIII). Nous nous appelons _ _ _ et _ _ _. »

5 - « Notre maître nous a donné des noms d'étoiles ; nous conduisons à la gloire un prince de Judée, _ _ _, en lui permettant de remporter la plus mémorable course de chars de la littérature et… du cinéma ! Nous nous appelons _ _ _, _ _ _, _ _ _ et _ _ _. »

6 - « C'est la folie d'un empereur romain, _ _ _, qui m'a rendu célèbre : pour m'honorer, il n'a pas hésité à me nommer consul ! Je m'appelle _ _ _, ce qui signifie "Vif-élan" en latin. »

7 - « J'ai vaillamment servi mon maître, le preux _ _ _, neveu de l'empereur _ _ _, mais j'ai succombé sous les coups des Sarrasins tandis que nous franchissions le col de Roncevaux. Je m'appelle _ _ _. »

8 - « Je suis si puissant que je peux transporter sur mon dos les quatre fils _ _ _, vassaux de l'empereur _ _ _. Il faut dire qu'ils se sont rebellés contre son autorité et c'est encore moi qui les réveille quand le péril presse : ils ont bien besoin de mes bonds fabuleux pour échapper à sa poursuite ! Je m'appelle _ _ _. »

9 - « Mon maître, _ _ _, se prend pour un noble chevalier, mais tout ce qu'il sait faire, c'est attaquer des moulins ! Moi qui ne suis qu'un "roussin", il m'a donné le glorieux nom de _ _ _. »

10 - « Je suis le fidèle cheval blanc du cavalier masqué de noir qui surgit de la nuit pour punir les méchants et signe son nom à la pointe de l'épée : pour tous, il est _ _ _, le "Renard" en espagnol. Pour lui, je suis le roi et je m'appelle _ _ _. »

11 - « Je suis le compagnon d'une figure devenue légendaire de l'Ouest américain : sans moi, William Frederick Cody, autrement dit _ _ _, ne pourrait plus chasser le buffle. Je m'appelle _ _ _. »

12 - « Moi aussi je suis une célébrité de l'Ouest : sans moi, mon maître, _ _ _, le "chanceux" qui tire plus vite que son ombre, serait-il une vedette de la bande dessinée ? Je m'appelle _ _ _. »

13 - « Je suis un beau cheval de Camargue, aussi blanc que neige, devenu héros de cinéma grâce à l'amitié d'un enfant. Je m'appelle _ _ _. »

Achille (x 2)	Charlemagne (x 2)	Pégase
Aldébaran	Chimère	Persée
Altaïr	Chiron	Priam
Antarès	Crin-Blanc	Rigel
Aymon	Don Quichotte	Roland
Balios	El Rey	Rossinante
Bayard	Incitatus	Troie
Bellérophon	Jason	Ulysse
Ben-Hur	Jolly Jumper	Veillantif
Buffalo Bill	Lucky Luke	Xanthos
Caligula	Méduse	Zéphyr
Centaure	Old Smoky	Zorro

Solutions p. XXXII.

LES CONQUÊTES
D'ALEXANDRE LE GRAND

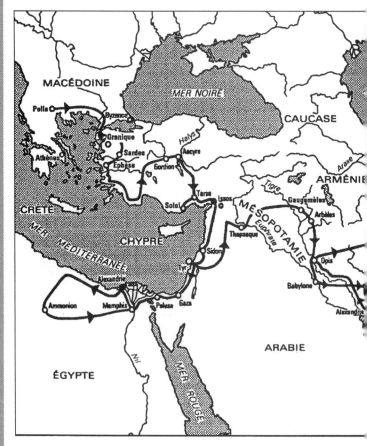

——— itinéraire d'Alexandre le Grand   •••••••• périple de Néarque

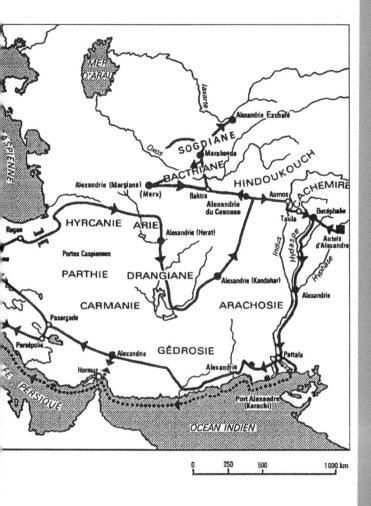

ALEXANDRE ET ACHILLE

Dans ses rêves comme dans ses ambitions, Alexandre avait un modèle prestigieux : Achille (voir chapitre XVII, 2). Voici comment le plus valeureux des héros grecs se lançait dans la bataille :

« Achille, revêtu de son armure, le front ceint du casque aux aigrettes de flamme, portant d'une main son bouclier, de l'autre la lance que lui donna son père, lance meurtrière qu'aucun autre guerrier ne peut manier, s'avance à la tête des phalanges.

Il est monté sur son char et, de la voix, il excite ses chevaux : "Ho ! fait-il, Xanthos et Balios, songez du moins à ramener votre maître." […] Les nobles animaux ont secoué la tête en hennissant comme s'ils répondaient aux paroles de leur maître.

Et celui-ci reprend, avec un triste sourire : "Je vous comprends, ce n'est pas votre lenteur ni votre manque d'ardeur qui me feront tomber sous les coups de l'ennemi. Ce sont les dieux. C'est le Destin. Mais qu'importe. Je mourrai, puisqu'il le faut, loin de mes parents, de ma patrie, mais je mourrai vainqueur."

Et poussant un cri sauvage qui roule longtemps ses échos, il lance ses chevaux en avant. […] Tout de suite le combat devient féroce et sans merci. […] Le courage d'Achille et son adresse incomparables se donnent libre cours. Il s'attaque aux chefs, dédaignant les simples guerriers, et, de sa lance, il les précipite à bas de leurs chars*. »

Noble prestance, audace, mépris du danger et de la mort : un comportement qu'Alexandre n'a cessé d'imiter en toutes circonstances. À vous donc d'établir les « cartes d'identité » comparatives de nos deux héros en choisissant la bonne information parmi les trois proposées :

* *Contes et récits tirés de* L'Iliade *et de* L'Odyssée, parus dans la même collection, pp. 95-96.

Nom : ΑΛΕΞΑΝΔΡΟΣ		Nom : ΑΧΙΛΛΕΥΣ	
☞ né à :	☞ mort à :	☞ né à :	☞ mort à :
A - Athènes	A - Tyr	A - Phthie	A - Marathon
B - Alexandrie	B - Babylone	B - Thèbes	B - Olympie
C - Pella	C - Antioche	C - Sparte	C - Troie
☞ père :	☞ roi de :	☞ père :	☞ roi de :
A - Philippe	A - l'Égypte	A - Cadmos	A - la Béotie
B - Égée	B - la Macédoine	B - Ménélas	B - la Thessalie
C - Ptolémée	C - l'Attique	C - Pélée	C - la Laconie
☞ mère :		☞ mère :	
A - Alcmène		A - Thémis	
B - Hélène		B - Thétis	
C - Olympias		C - Andromaque	

Voici à présent quelques éléments de leur « biographie » qui vous permettront encore de rapprocher Alexandre d'Achille en comparant leurs destinées ; mais « un intrus » s'est glissé dans les trois solutions suggérées pour compléter chacune des phrases suivantes : il vous faudra donc l'éliminer en supprimant la proposition (A, B ou C) qui ne convient pas à la « vérité » de la légende ou de l'Histoire.

I - Alexandre était fier d'appartenir à une dynastie qui se glorifiait d'être la famille même d'Achille ; en effet sa mère était :

A - la descendante de la Néréide Amphitrite, l'une des 50 filles de Nérée et la sœur de la mère d'Achille
B - membre de la famille des Éacides descendant d'Éaque, fils de Zeus et grand-père d'Achille
C - la fille du roi des Molosses, lui-même descendant de Molossos, petit-fils d'Achille

II - Achille et Alexandre ont été élevés par des maîtres pleins de sagesse ;

1 - le premier par :   2 - le second par :

1	2
A - un Centaure	A - un philosophe
B - un Cyclope	B - Aristote
C - Chiron	C - Socrate

III - Puis ils sont allés chercher la gloire loin de leur patrie, sur la terre :

A - des Amazones	B - d'une Océanide	C - d'Asie

IV - Dans les bagages d'Alexandre figurait une précieuse cassette qui contenait :

A - les œuvres d'Homère
B - un talisman secret qui avait appartenu à Achille
C - un manuscrit parfumé

V - À peine arrivé à Troie, Alexandre s'empressa de se rendre sur le tombeau d'Achille ; pour honorer la mémoire du héros :

A - il versa de l'huile sur le monument
B - il organisa un concours gymnique
C - il déposa son propre bouclier sur la tombe

VI - La guerre fut leur passion et ils poursuivirent sans relâche leur ennemi ;

1 - l'adversaire d'Achille :   2 - l'adversaire d'Alexandre :

A - un prince athénien	A - un roi achéménide
B - Hector	B - un fils d'Atrée
C - un fils de Priam	C - Darius

VII - Alexandre était aussi emporté qu'Achille ; dans ses crises de colère, il se souvenait que son héros boudait :

A - dans sa tente	B - contre Agamemnon
C - en refusant toute nourriture	

VIII - Achille était protégé par une déesse dont Alexandre visita le sanctuaire qui couronnait la forteresse de Troie ; c'était :

A - Athéna	B - fille d'Apollon
C - patronne des fileuses	

IX - Comme Achille, Alexandre semblait invulnérable ; cependant tous deux n'ont pu échapper à la mort ;

1 - Achille fut atteint :

A - d'un coup de lance d'Ulysse
B - au talon
C - par une flèche tirée par Pâris

2 - Alexandre mourut :

A - d'un accès de fièvre
B - des suites d'une chute de cheval
C - à trente-trois ans

Solutions p. XXXII.

SOLUTIONS

PETITES ANNONCES (p. III)

* Hestia et Hadès
1 : Aphrodite, n° I
2 : Dionysos-Bacchus, n° II
3 : Athéna, n° III
4 : Déméter, n° VII
5 : Héphaïstos, n° X
6 : Zeus, n° XI

A : Hermès, n° IX
B : Diane, n° XII
C : Héra, n° VI
D : Apollon, n° V
E : Poséidon, n° VIII
F : Arès, n° IV

HOMMES ILLUSTRES (p. IV)

Hérodote   Phidias   Homère   Pythagore

MESSAGES SIBYLLINS (p. VIII)

I - 5 / 3 / 1 / 4 / 2 ; B

Lycurgue préféra disparaître lui-même : ainsi les Spartiates, liés par le serment qu'ils lui avaient prêté avant son départ, seraient obligés de respecter ses lois à jamais puisque leur législateur ne reviendrait plus.

II - 3 / 5 / 2 / 4 / 1 ; C

Passé dans la province de Cappadoce, Crésus y affronte Cyrus sans que la bataille soit décisive ; Crésus, mécontent de son infériorité numérique, se replie sur sa capitale Sardes pour y rassembler ses alliés. Sans attendre, Cyrus entre alors en Lydie et s'empare de Sardes après un siège de quatorze jours (546 av. J.-C.).

III - 2 / 5 / 3 / 1 / 4 ; A

Vaincu par Cyrus, Crésus demande des comptes à l'oracle ; voici ce que lui fit dire la Pythie, selon l'historien grec Hérodote (ve siècle av. J.-C.) : « De l'oracle qui lui fut rendu, Crésus a tort de se plaindre ; Apollon l'avertissait : s'il marchait contre la Perse, il détruirait un grand empire. Il devait donc, pour décider sagement, faire demander au dieu s'il désignait son propre empire, ou celui de Cyrus ; s'il n'a pas compris l'oracle, s'il n'a pas demandé d'explications, qu'il s'en prenne à lui-même. À sa dernière consultation, Apollon lui a parlé d'un mulet, et il n'a pas davantage compris cette réponse, le mulet était Cyrus, né de deux parents d'origine inégale, car sa mère était d'un rang supérieur à celui de son père : elle était Mède, fille du roi des Mèdes Astyage ; il était perse, sujet des Mèdes, et, malgré cette inégalité totale entre eux, il avait épousé la fille de ses maîtres. » (*L'Enquête*, livre I, 91, Folio, Gallimard, 1964.)

IV - 4 / 2 / 1 / 5 / 3 ; C

C'est Brutus — il porte ce surnom parce qu'il se fait passer pour un « abruti » afin de dissimuler ses intentions — qui a compris aussitôt le sens de l'oracle : il se jette à terre et embrasse le sol car « la terre est la mère de tous les hommes ». De retour à Rome, il chassera les Tarquins et deviendra le premier consul de la République. (Voir *Contes et récits de l'histoire de Rome*, même collection.)

V - 3 / 1 / 5 / 4 / 2 ; C

Dès 483 av. J.-C., Thémistocle a eu la prudence de faire construire deux cents trières ; la réponse de l'oracle lui permet de galvaniser les énergies en persuadant ses concitoyens que « le rempart de bois » est celui de leurs navires. Le 29 septembre 480 av. J.-C., sa victoire à la bataille navale de Salamine lui donnera raison.

LES COMPAGNONS DE BUCÉPHALE (p. XXII)

1 : Méduse, Persée, Bellérophon, Chimère, Pégase
2 : Centaure, Achille, Jason, Chiron
3 : Ulysse, Troie, Priam
4 : Zéphyr, Achille, Xanthos et Balios
5 : Ben-Hur, Aldébaran, Altaïr, Antarès et Rigel
6 : Caligula, Incitatus
7 : Roland, Charlemagne, Veillantif
8 : Aymon, Charlemagne, Bayard
9 : Don Quichotte, Rossinante
10 : Zorro, El Rey
11 : Buffalo Bill, Old Smoky
12 : Lucky Luke, Jolly Jumper
13 : Crin-Blanc (film d'Albert Lamorisse, 1952)

ALEXANDRE ET ACHILLE (p. XXVIII)

Alexandre :	né à C	mort à B	père A	roi de B	mère C
Achille :	né à A	mort à C	père C	roi de B	mère B

I - A	IV - B	VI - 1A, 2B	VIII - B
II - 1B, 2C	V - C	VII - C	IX - 1A, 2B

III - A (N.B. c'est Asia, une Océanide, c'est-à-dire une fille du
dieu Océan, qui a donné son nom au continent asiatique)

XI

LE PLUS BEAU DES ATHÉNIENS
N'EN ÉTAIT PAS LE MEILLEUR

Au temps de Périclès, le plus beau des Athéniens, c'est certain, était Alcibiade. Les dieux, comme on disait alors, avaient souri à ce jeune homme dès son berceau. Issu de la plus noble race, riche et libre de vivre oisif, il n'était pas moins doué du côté des facultés intellectuelles que du côté des qualités physiques. Aucune des sciences de son temps ne lui était inconnue. Seulement, il ne voulut jamais apprendre la flûte.

— Jouer de la flûte, disait-il, déforme tellement le visage, qu'on est à peine reconnu de ses meilleurs amis. De plus, quand on joue de la flûte, on est bien empêché de parler. Quel dommage, pour un fils d'Athènes, habile à s'exprimer ! Laissons donc aux Béotiens grossiers, incapables de former une phrase, l'art de la flûte. Imitons Athéna et Apollon*, s'il est vrai que la déesse jeta dédaigneusement la flûte et

---

* Dieu des oracles, que l'on vient consulter dans son sanctuaire de Delphes (voir Entracte, p. VIII), Apollon est aussi le maître des Muses, inspiratrices des artistes. À Athènes, c'est précisément sur la colline des Muses que se trouvait, dit-on, leur sanctuaire.

que le dieu écorcha le satyre Marsyas* qui triomphait dans l'art d'en jouer.

Par contre, il aimait à se servir de la lyre et y trouvait d'autant plus de plaisir qu'il chantait en s'accompagnant.

Mais la grâce et l'intelligence du plus beau des fils d'Athènes ne suffisaient pas à le faire aimer. Il avait un singulier caractère, vaniteux, fantasque, effronté. Jamais semblable à lui-même, il se contredisait si souvent qu'on ne savait plus s'il fallait le prendre au sérieux. Il passait pour capable de vivre à Sparte comme un Spartiate, endurci aux travaux de la guerre, sévère, infatigable ; en Ionie, il en remontrait aux Ioniens pour le luxe, la mollesse et l'oisiveté.

D'ordinaire, il s'amusait à prendre l'allure indolente et blasée d'un jeune homme qui ne songe qu'à ses plaisirs. Bien naïfs ceux qui s'y laissaient tromper. Ils sentaient tôt ou tard la volonté de fer, l'orgueil du personnage dissimulés sous ce badinage élégant. Un trait de son enfance avait vivement frappé ses concitoyens. Un jour qu'il jouait aux osselets dans la rue, avec ses petits compagnons (on voit que les enfants riches ne dédaignaient pas de s'amuser sur le pavé d'Athènes !), une charrette vint à passer, fort lourdement chargée.

— Arrête ! arrête, cria l'enfant au charretier.

L'homme ne l'écouta même pas, et poussa son cheval droit sur le jeu. Les compagnons d'Alcibiade se rejetèrent précipitamment le long des murs, mais le petit garçon, furieux, plutôt que de céder se jeta sous les roues de la charrette.

— Passe donc maintenant ! cria-t-il au voiturier.

Celui-ci se jeta à la tête des chevaux et l'enfant se

* Voir son histoire tragique dans *Contes et légendes mythologiques*, dans la même collection, pp. 100-102.

releva un peu meurtri, mais très satisfait finalement d'avoir imposé sa volonté.

Le moins curieux ne fut pas le respect et l'amitié d'Alcibiade pour Socrate. C'est que Socrate ne ressemblait guère à son élève. Lui aussi a laissé un grand renom, et plus justifié que celui d'Alcibiade. C'était un sage, un de ceux, qu'après les Grecs, nous appelons philosophes. Auprès de lui, on apprenait à penser juste, à choisir ce qui dans la vie valait la peine d'être vécu, à distinguer le faux du vrai. Socrate était vieux, laid et pauvre, non que ses élèves n'eussent payé ses leçons à prix d'or, mais il refusait l'argent comme les honneurs. Sa gloire, c'était sa sagesse.

Le vieux maître, bien que sévère et narquois, avait de l'indulgence pour Alcibiade ; il pensait que la fortune, la naissance, les flatteurs étaient autant de pièges où se prendrait Alcibiade et que, finalement, il se perdrait sottement sans avoir réalisé ce qu'on pouvait attendre de lui. Le vieillard, laid et pauvre, avait pitié du glorieux jeune homme. De son côté, Alcibiade vénérait Socrate.

— Ce sont les dieux, disait-il, qui ont chargé Socrate d'instruire les jeunes gens d'Athènes.

Ainsi se noua entre ces deux Athéniens si dissemblables une solide amitié. Orgueilleux et dur avec tous, Alcibiade devenait devant Socrate modeste et obéissant. Pendant la campagne de Potidée, il s'attacha à son maître, partageant sa tente, refusant de le quitter en toute occasion, se conduisant sous ses yeux avec la plus grande bravoure. Une fois, Socrate fit à Alcibiade blessé un rempart de son corps. Une autre fois, tandis que Socrate se retirait à pied du champ de bataille, Alcibiade se refusa à se servir d'un cheval qui lui aurait permis de se mettre à l'abri plus vite ; il demeura à côté de son maître et le défendit courageusement.

Alcibiade aimait à s'imposer à l'attention générale par des extravagances, souvent mêlées d'insolences plus ou moins supportables. Dans un souper où il avait trop bu, il paria qu'il donnerait un soufflet à un des citoyens les plus justement considérés de la ville, Hipponicos, homme d'âge, fortuné autant qu'estimable. Le lendemain, sur la place publique, il se présente devant Hipponicos, et avant que le vieillard ait pu revenir de sa surprise, il l'avait souffleté, puis avait disparu.

Heureusement, il était assez intelligent pour comprendre que cet outrage le déshonorait beaucoup plus qu'Hipponicos. Ce qu'il y avait de meilleur en lui prit le pas sur le pire et il se résolut à réparer cet acte insensé. Le lendemain, dès l'aube, il se présente chez Hipponicos ; l'esclave surpris lui ouvre la porte ; il se dirige rapidement chez le maître, jette son manteau et sa tunique à ses pieds et, dévêtu comme un esclave, croisant les bras, dit à Hipponicos :

— Hipponicos, je me mets à ta disposition. Fais de moi ce qu'il te plaira. Pour réparer ma faute, je subirai le châtiment que tu voudras.

Hipponicos donna la mesure de sa propre grandeur d'âme. Il refusa de tirer vengeance du jeune homme et le renvoya chez lui, pardonné.

Voici l'anecdote que les Athéniens aimaient à conter quand il s'agissait d'Alcibiade. On y verra pourtant comment le jeune aristocrate se moquait d'eux.

Alcibiade avait acheté très cher un chien d'une grande beauté. Il lui avait coûté soixante-dix mines, c'est-à-dire sept mille drachmes [1]. Aussi se montrait-il partout accompagné de ce chien, dont la silhouette

---

1. Approximativement, une drachme vaut un franc-or.

et le poil étaient bien connus des citoyens de la ville. La queue de l'animal surtout — magnifique panache touffu — excitait l'admiration générale et donnait au chien une bonne part de sa valeur.

Quelle ne fut pas la surprise dans la ville, lorsqu'un matin, on vit trottiner le chien d'Alcibiade avec la queue coupée. Et chacun de s'indigner ! Pauvre animal ! Malheureux Alcibiade ! Quel méchant a pu mutiler ce beau chien, et causer ainsi à son propriétaire un tort irréparable ? Les cordonniers, les teinturiers de l'Agora sortaient sur le seuil de leur porte pour voir passer le chien d'Alcibiade, et les marchands d'herbes ne se tenaient pas de le caresser. Les bavardages allèrent bon train, et bientôt la ville ne retentit que d'un seul bruit : « On a coupé la queue du chien d'Alcibiade. Qui a coupé la queue du chien d'Alcibiade ?... »

Ce fut bien autre chose lorsqu'on apprit la vérité. C'était Alcibiade lui-même qui avait fait couper la queue du chien !

— Quelle bizarrerie ! dirent les bavards, et quelle ostentation ! Il veut nous montrer qu'il se soucie peu de soixante-dix mines ! Ou bien, c'est qu'il s'est lassé de son chien. Il l'a mutilé pour que personne ne puisse plus l'acheter... Ainsi de suite...

Tout affligés, quelques amis rapportèrent ces propos à Alcibiade.

— Prends garde, Alcibiade, garde au moins ton chien à la maison, ces bruits te font du tort.

Alcibiade éclata de rire.

— Chacun s'occupe de mon chien, n'est-il pas vrai ? On me trouve bien méchant, bien ridicule ? On se demande éperdument pourquoi j'ai gâché tant d'argent, mutilé une si belle bête ? Eh bien ! je ne demande pas mieux ! Qu'ils continuent, ces bonnes gens d'Athènes. On ne peut pas les empêcher de bavarder. Ils sont incapables de s'adonner aux choses sérieuses, incapables de s'appliquer aux affaires de l'État. Il faut qu'ils glosent sur les uns et les autres... la fortune de celui-ci, les dépenses de celui-là ; le père de Cléon, qui était charcutier, la mère de Socrate, qui était sage-femme... En bien ! je leur ai donné leur ration de bavardages ! Qu'ils s'amusent avec mon chien. Pendant ce temps, ils n'iront pas bavarder de ma maison, sur ma femme, sur mes biens. Le chien d'Alcibiade mérite bien l'intérêt des citoyens d'Athènes !

Malheureusement pour eux, les Athéniens se laissèrent séduire par cet Alcibiade qui les méprisait. Un jour qu'il passait sur la place publique, il vit le peuple attroupé, attendant une distribution gratuite de blé. Aussitôt il envoie un esclave chercher de l'argent, et, joignant ses propres libéralités à celles de l'État, il jette à poignées des pièces d'argent au peuple. Il n'en fallut pas plus pour qu'il fût élu magistrat.

Mais le peuple d'Athènes n'eut pas à se louer de son choix. Alcibiade fut mêlé à la terrible guerre du Péloponnèse qui avait si mal commencé avec la peste d'Athènes et la mort de Périclès. Il ne traita pas les intérêts du peuple avec plus de modération que les siens propres. Il remporta de grandes victoires, subit de grandes défaites, mais se déshonora par une trahison éclatante. Finalement il fut contraint à la fuite et mourut misérablement.

XII

LA FIN D'UN GRAND RÊVE :
LE DÉSASTRE DE L'ASINAROS

Au début d'août 415, toute la population d'Athènes s'est rassemblée au Pirée. Depuis six ans, une trêve a suspendu le duel que Périclès avait engagé entre Athènes et Sparte, et dont il ne devait voir que le début, puisque la peste l'emportait en septembre 429. À ce duel, les historiens ont donné le nom de guerre du Péloponnèse.

Pourquoi donc ces hoplites qu'on embarque, ces superbes trières sorties fraîches des chantiers et toutes brillantes d'emblèmes ? La trêve est-elle rompue ?

Pas encore. C'est contre Syracuse, la plus grande ville de Sicile, que cette flotte se dirige. Syracuse maltraite Ségeste, amie d'Athènes ; les Ségestains ont fait appel à leur puissante protectrice. Enflammés par l'éloquence d'Alcibiade, toujours riche en paroles et en projets hardis, les Athéniens ont voté des secours à Ségeste. À vrai dire, si les jeunes gens se lancent à corps perdu dans l'aventure, les vieillards sont plus réticents. Ils préféreraient qu'une longue paix permît à la ville de panser les blessures que lui a laissées sa lutte difficile contre Sparte. Sait-on comment évoluera cette nouvelle aventure ?

Tant pis pour les vieillards ! Les navires, la poupe couronnée de fleurs, prennent le large avec une gracieuse majesté. Sur le sein des mers, ils portent la fortune d'Athènes. Comment ne reviendraient-ils pas vainqueurs, les fins marins d'Athènes, qui sentent frémir sous leurs pas les carènes neuves ? Surtout quand Alcibiade, beau comme un jeune dieu, part le premier en tête ?

Quinze mois se sont écoulés. Le soleil se couche sur le « grand port » de Syracuse. Hélas ! tandis que se déroule dans le ciel le calme et majestueux spectacle qui accompagne la chute du jour, lorsque les derniers rayons de l'astre ourlent d'or les nuages bas et jaillissent comme des fusées, sur l'eau ce n'est que sanglante confusion, épaves et cadavres. La flotte athénienne, bloquée dans le port de Syracuse, a tenté de s'ouvrir de vive force un passage à travers les rangs des trières ennemies. Malgré le courage désespéré des triérarques, les Athéniens ont perdu la partie. Ils sont peu à peu refoulés au rivage. Il ne reste plus qu'à couler ou à incendier, si on le peut encore, les restes de cette flotte superbe, orgueil et suprême espoir de la cité d'Érechtée. Tout le jour, l'air a retenti du bruit terrible des carènes ou des proues qui s'entrechoquent, des ordres et des exhortations. Maintenant le tumulte s'apaise à mesure que descend la nuit. Les équipages athéniens, abandonnant les vaisseaux, se sont réfugiés dans le camp où séjourne l'armée de terre, aux portes de Syracuse qu'elle assiège en vain depuis quinze mois. Ce n'est que désordre, désespoir, gémissements. Qui songe à manger ou à dormir ? Tous ces hommes sentent planer sur eux, avec le désastre national, la menace d'une nouvelle catastrophe et d'une mort presque inévitable toute proche.

Dans la confusion générale, un fait inouï s'est même produit. Les généraux athéniens, Démosthène[1] et Nicias, au mépris de la loi religieuse et civile, ont oublié de demander au vainqueur, le Lacédémonien Gylippos, l'autorisation — toujours accordée — de recueillir et d'ensevelir les cadavres.

Que s'est-il donc passé depuis ce jour où la flotte appareillait, superbe, du Pirée ? Alcibiade a trahi. Il a, pour sa honte, passé chez les ennemis de son pays.

Son collègue Nicias a néanmoins poursuivi les opérations. Il a bloqué Syracuse. Quinze mois durant, il a tenu à la gorge la grande cité sicilienne. Il a failli la réduire à merci. À la dernière minute, elle lui a échappé. Alors que, par terre et par mer, il la tenait assiégée, Lacédémone est intervenue. Le Spartiate Gylippos s'est présenté avec une flotte au secours de Syracuse. Petit à petit la situation de Nicias s'est gâtée et, malgré des secours dirigés par le navarque[2] Démosthène, actif chef de guerre, les Athéniens ont désespéré du salut. Leur flotte a tenté de percer le blocus. Elle est vaincue. Sur terre aussi l'armée va-t-elle capituler ?

Au quartier général, on tente de garder un peu de sang-froid. En se rendant à la tente de Nicias, Démosthène doit enjamber les corps entassés dans l'ombre. Sont-ce des morts, des blessés, des malades, des dormeurs ? Personne ne se dérange et il ne se soucie pas de relever les blasphèmes ou les manques à la discipline. Autour d'un maigre feu, quelques soldats d'infanterie mêlés à des matelots font cuire une

1. Bien entendu, ce personnage n'a de commun que le nom avec l'orateur dont nous parlerons plus loin.
2. Chef d'escadre.

galette. Le sang, la sueur ou les larmes coulent sur leurs visages. L'un bande une jambe, un blessé gémit en réclamant de l'eau. Douloureux spectacles, trop usuels après une bataille ; mais ce soir, il s'y mêle le désespoir, l'hébétude inspirés par une défaite totale, le désordre d'une armée qui n'a plus rien à espérer, même de ses vertus.

Nicias s'avance pour recevoir son collègue. C'est un homme d'une soixantaine d'années, malade et timoré, le dos voûté, le visage gris. Il passe pour riche. C'est par ailleurs un homme politique capable, un honnête militaire, un de ceux dont, avec un peu de chance, on pourrait dire : « C'est un bon général et qui connaît bien son métier. » Mais la chance ne favorise pas les vieillards, surtout les vieillards dans l'âme, les timorés, les craintifs qui se sentaient vieux le jour de leur naissance. Nicias n'a pas de chance : c'est un tort suprême pour un stratège.

— Tout est perdu ! Tout est perdu ! murmure Nicias en s'avançant.

— Voyons, Nicias, répond vivement Démosthène, je viens de compter les vaisseaux encore capables de combattre. Nous en avons soixante. Il en reste cinquante aux Syracusains. Tentons de nouveau notre chance. Attaquons de nouveau demain !

Quand il sort de la tente, Démosthène a gagné la partie. Nicias est convaincu. La trompette sonne, l'ordre est donné aux équipages de remonter sur les vaisseaux et de se préparer au combat.

Hélas ! un cri de révolte et d'exécration jaillit de toutes parts. Convaincus qu'on les envoie à la boucherie, les équipages refusent de s'embarquer.

Pendant ce temps, dans Syracuse en fête, le Conseil de la ville tient séance. Jusqu'à la salle parvient le bruit des fanfares et des exclamations. Les traces de la bataille disparaissent dans l'enthousiasme de la victoire. De plus, c'est la fête d'Héraclès*. À grand renfort de ce vin sucré et capiteux que produit la Sicile, on célèbre cette heureuse coïncidence.

Quelqu'un à qui cette liesse ne plaît pas du tout, c'est Hermocratès, le général syracusain. Il pince les lèvres et songe avec dépit : « Mes hommes sont ivres, impossible d'empêcher ces maudits Athéniens de s'échapper cette nuit. S'il le veut, Démosthène peut regrouper l'armée, et s'enfoncer au cœur de la Sicile jusqu'au territoire de quelque cité alliée, où il refera ses forces en paix. » Il fait appeler quelques cavaliers intelligents et sûrs pour une mission de confiance.

Une heure plus tard, Nicias et Démosthène, qui se préparent en effet à lever le camp d'urgence, reçoivent un message secret. Un Syracusain, contre une importante somme d'argent, les prévient que les patrouilles d'Hermocratès occupent toutes les routes. « Ne fuyez pas cette nuit, attendez tranquillement demain. » Les généraux athéniens changent leurs plans ; ils ordonnent de déposer les armes et de préparer le camp pour la nuit, sans se douter un seul instant qu'ils sont dupés par une fausse information envoyée de la main d'Hermocratès lui-même. Le Syracusain, lui, occupera bel et bien toute la journée du lendemain à bloquer les routes, les ponts et les gués à l'insu du trop confiant Nicias, qui perd ainsi sa dernière chance de survivre.

Ainsi, le surlendemain de la bataille, quarante mille hommes quittèrent le camp en direction de Catane, aussi désespérés que s'ils avaient abandonné leur propre demeure. Ce qui fendait le cœur, c'étaient les

---

* Hercule, pour les Romains ; vous retrouverez ce célèbre héros et ses nombreux exploits dans *Contes et légendes mythologiques* et les *Livres des Merveilles*, même collection.

plaintes, les supplications des blessés et des malades qu'on abandonnait.

— Emmenez-nous, criaient-ils à leurs amis, voyez, nous pouvons marcher encore... Ne nous laissez pas à la merci des Syracusains. Ils nous feront couper les mains, ils nous enterreront vifs...

Les moins atteints, dans un effort suprême, tentaient de se lever, d'avancer dans les bras de leurs camarades. Leurs forces les trahissaient. Il fallait les abandonner au revers de la route. Et devant les cadavres, les Athéniens se tordaient les mains, bouleversés de laisser sans sépulture leurs parents, leurs amis, exposés à perdre leur part d'immortalité. Par ailleurs, aux souffrances morales, se joignaient les maux physiques ; plus de vivres, et, les esclaves ayant déserté, les hoplites, forcés de porter leurs bagages en même temps que leurs armes, souffraient cruellement de la fatigue et de la chaleur.

Bientôt Nicias, ayant harangué les troupes pour leur rendre un peu de courage, la marche s'organisa, les rangs se reformèrent et la journée se passa sans autres inconvénients que quelques escarmouches avec les soldats ennemis qui les avaient suivis et bientôt rejoints.

Le manque de vivres et surtout d'eau gênait cruellement les Athéniens par cet été brûlant ; ils voulurent se répandre dans la plaine pour en chercher. Gylippos leur barra le chemin. Quelque efforts que fissent les Athéniens pour se frayer un passage, ils ne purent surmonter la résistance des ennemis. Pour comble de malheur, le tonnerre éclata, la pluie se mit à tomber. « Les dieux eux-mêmes s'en mêlent », pensèrent les soldats accablés. Ils revinrent à leur camp, épuisés et désespérés.

Pendant la nuit, Nicias et Démosthène essayèrent de tromper l'ennemi. Ils firent allumer de grands feux

pour faire croire qu'on installait solidement le camp ;
puis l'armée se leva et, changeant de direction, ils
s'échappèrent du côté où Gylippos ne les attendait
pas, en direction de Camarina.

Nicias conduisait l'avant-garde. Démosthène, à
l'arrière-garde, tenait le poste le plus dangereux pour
une armée en retraite. À la faveur de la nuit, le désordre s'introduisit dans ses rangs et il prit du retard sur
le gros de l'armée. Ils atteignirent néanmoins le rivage
de la mer, puis le fleuve Kakyparis, qu'ils remontèrent.

Dans la matinée, Démosthène fut rejoint par les
Syracusains. Il tenta de se ranger en bataille, mais
ses troupes fatiguées, trop lentes dans leurs manœu-
vres, furent acculées dans un champ clos de murs et
planté d'oliviers. Les troncs magnifiques, les feuillages argentés des oliviers abritèrent des scènes pitoya-
bles et sanglantes. Frappés de loin par les traits,
accablés de soif, de chaleur, de blessures, les guerriers se rendirent, livrèrent leurs armes et tout l'argent
qu'ils possédaient, qui fut entassé au creux des boucliers, et ils reprirent, encadrés par un détachement
syracusain, le chemin de la ville.

Nicias, qui avait si imprudemment distancé son collègue, ignorait tout de ce qui s'était passé. Quand les
Syracusains, le lendemain, lui eurent fait connaître
la reddition de Démosthène, il se sentit désespéré. Il
accepta de traiter. Mais Gylippos lui fit des conditions si dures que, dans un sursaut d'énergie, il refusa.
La nuit vint de nouveau. Nicias donna ordre de lever
le camp et de tenter de fuir. À peine les Athéniens
avaient-ils saisi leurs armes que leurs ennemis enton-
nèrent leur chant national, faisant connaître ainsi
qu'ils s'étaient aperçus de la tentative et se préparaient
à s'y opposer.

Au jour, les malheureux Athéniens, au bout de

leurs forces morales et physiques, harcelés par les ennemis, se traînèrent jusqu'à la petite rivière Asinaros. C'est là que devaient se jouer les dernières scènes du drame. Il fallait franchir le fleuve ; mais la soif tenaillait les soldats plus encore que le souci de leur sécurité. Ils se précipitèrent dans l'eau, s'embarrassèrent les uns les autres, tombèrent les uns sur les autres et s'offrirent aux ennemis comme des cibles. Les Syracusains descendirent jusqu'au fleuve, dont les bords encaissés retenaient leurs victimes. Le sang souillait l'eau qui ruisselait sur les cadavres. N'importe, les misérables Athéniens se disputaient entre eux, les armes à la main, cette eau sanglante et boueuse.

Le carnage devint si répugnant que Nicias se rendit aux Lacédémoniens, à la seule condition que le massacre cessât. Ce qui restait de vivants tomba au pouvoir des Syracusains et, bien que beaucoup de particuliers eussent dissimulé et volé des Athéniens comme esclaves, un gros contingent de prisonniers fut conduit à Syracuse pour rejoindre les restes de l'armée de Démosthène.

Malgré l'opposition du Lacédémonien Gylippos, les Syracusains, très irrités contre Athènes, mirent à mort Démosthène et Nicias. Quant aux prisonniers athéniens, ils furent descendus dans les Latomies. C'étaient de profondes carrières à ciel ouvert d'où avaient été extraites des pierres calcaires destinées à construire Syracuse.

Il était difficile de s'échapper de ces larges fosses. C'est là que les malheureux Athéniens furent entassés. Pendant soixante-dix jours, alternativement brûlés par le soleil, inondés par la pluie, à peine nourris, manquant d'eau, empestés par les cadavres jour après jour plus nombreux, sept mille Athéniens endurèrent en ce lieu toutes les souffrances d'un véritable camp de concentration. Le peu qui survécut fut vendu comme esclaves.

Ainsi finit dans la honte et la souffrance l'expédition de Sicile. Athènes survécut pourtant à ce désastre. Telle était même la vitalité de cette belle cité qu'on put croire qu'elle s'en relèverait, et qu'elle mît encore en péril la fortune de Sparte. Elle ne fut définitivement abattue qu'en 405 après la défaite de sa dernière flotte à Aigos-Potamos.

Aujourd'hui, le voyageur se promène dans les Latomies qui virent le martyre des sept mille prisonniers athéniens. Les cigales chantent, l'absinthe froissée embaume, et les lauriers-roses balancent sous le vent de mer leurs touffes carminées. Tout rit, tout respire la douceur de vivre. Tant il est vrai que le temps efface le souvenir de la souffrance des hommes, et que la nature reconquiert les lieux dévastés et souillés par leur méchanceté.

XIII

COMMENT MEURT UN SAGE

Le soleil n'a pas encore dépassé les collines de l'Hymette. La ville demeure plongée dans la nuit. C'est à peine si le vent frais de l'aube se lève et si les corneilles commencent à tourbillonner dans le ciel où les étoiles pâlissent. Ce n'est pas une heure insolite à Athènes. Il fait chaud durant le jour, et comme séjourner dans les rues devient vite insupportable quand monte le soleil, les Athéniens se lèvent tôt. Les artisans déposent les volets de leurs boutiques, les portiers ôtent les chaînes aux grandes portes des maisons, ou s'interpellent joyeusement d'un côté de la rue à l'autre.

Qu'est-ce que ce groupe attristé qui attend devant une porte basse ? Trois ou quatre personnages silencieux, la tête voilée d'un pan de leur manteau. D'autres les rejoignent, le long des rues montantes. Ils arrivent un peu essoufflés par la pente et se saluent tristement.

— Est-ce bien vrai, Phédon ? murmure le jeune Critobule. Es-tu certain que la trirème sacrée soit revenue de Délos ?

— Hélas ! ce n'est que trop sûr. Quand nous sortîmes de la prison, hier soir, elle venait d'arriver au port.

— Es-tu sûr que nous ne pourrions obtenir un nouveau délai ?

— Tu es un enfant, Critobule ! Tu sais bien que notre maître a déjà bénéficié d'un long délai ; c'est un heureux hasard si, la veille de son jugement, la galère sacrée partait en pèlerinage pour Délos*. Les juges ont respecté les usages : aucun condamné ne doit être exécuté avant le retour du vaisseau. Ah ! les juges auraient bien souhaité le mettre à mort tout de suite, notre maître bien-aimé. Mais le dieu a protégé Socrate, le prêtre d'Apollon avait déjà posé la couronne sur la poupe du vaisseau. Le pèlerinage était commencé. Il a bien fallu nous laisser notre Socrate, et la joie de converser avec lui trente jours encore. Aujourd'hui, le délai vient à terme. Résignons-nous, Critobule ! Je ne sais pas, vois-tu, si notre maître lui-même souhaiterait un nouveau délai.

Ainsi conversaient, avec une paisible tristesse, les amis de Socrate devant la prison du philosophe, quelques heures avant sa mort. Leur douleur, quelle que grande qu'elle fût, était empreinte d'une sérénité divine, celle-là même que leur maître ressentait à cette heure précise et qu'il avait su leur inspirer et leur conserver jusqu'en ce suprême moment. Ce n'était pas un condamné comme les autres qui s'éveillait pour la dernière fois au sein de la prison d'Athènes ; et ceux qui l'aimaient sentaient bien qu'on devait le pleurer comme un héros au seuil de son apothéose.

Depuis soixante-dix ans personne n'était plus connu, plus populaire à Athènes que le sage Socrate. Cependant, durant ces soixante-dix années, les plus brillantes et en même temps les plus dramatiques

* L'île de Délos, dans les Cyclades (voir carte p. XXI), était un fameux sanctuaire consacré à Apollon.

de l'histoire d'Athènes, les hommes de premier plan n'avaient pas manqué. Phidias, Périclès, Cimon, Sophocle, Alcibiade, Euripide avaient passé tour à tour sous les yeux du peuple d'Attique, et les bouleversements de la guerre du Péloponnèse avaient détourné bien des esprits des joies paisibles de l'intelligence. Socrate n'avait, pour attirer la gloire, ni la fortune, ni le génie militaire, ni les talents de l'homme d'État ou de l'artiste. Il était pauvre, de modeste famille, puisque son père fabriquait des statuettes de piété, et d'une laideur proverbiale. Le nez camus, la face courte, et chauve de bonne heure, Socrate ressemblait à ces petits dieux champêtres que le peuple révérait sous le nom de Satyres.

Malgré son peu de fortune, il se consacra aux sciences et parvint vite à la certitude que l'étude des hommes était beaucoup plus intéressante encore. Il s'appliqua à se faire sur toutes choses des idées personnelles ; sur le gouvernement de l'État, sur la conduite des hommes privés, sur ce qui est bien et ce qui est mal, sur les espoirs de l'homme après la mort. En le voyant toujours gai malgré sa pauvreté et ses ennuis, en l'écoutant au hasard des rencontres parler si juste et si clairement de tout, certains Athéniens jeunes et vieux le suivirent, l'entourèrent et le supplièrent de les recevoir comme ses élèves et ses amis. Socrate enseignait partout, sur les places, dans les jardins, en dînant, chez ses amis, en se promenant sur le bord de l'Ilissos, ce petit fleuve qui coulait à la limite d'Athènes, et dont les Grecs appréciaient les berges ombragées et fleuries de caroubiers. Rien n'était moins scolaire que cet enseignement familier où le maître bavardait plutôt qu'il n'enseignait, plaisantant les uns, ironisant sur les autres, supérieur à la fortune comme aux honneurs.

Bien sûr, Socrate ne plaisait pas à tout le monde,

certainement pas à ceux dont il raillait les ridicules ou les vices. C'est pourquoi il avait beaucoup d'ennemis. Lorsque Athènes eut perdu la guerre du Péloponnèse et que les uns et les autres s'accusèrent avec âpreté d'avoir conduit la ville à sa perte, de méchantes gens voulurent se débarrasser de Socrate. On lui fit un procès où on l'accusa de mépriser les dieux. Le peuple crut que les dieux se vengeraient d'une cité où on les bravait sans scrupules et Socrate fut condamné à mort.

Socrate avait soixante-dix ans ; c'était un grand âge dans un monde où l'on mourait plus jeune qu'aujourd'hui ; il pensait sincèrement que l'au-delà était meilleur et plus beau que notre monde. Il se défendit peu, provoqua même ses juges et se laissa condamner à mort, au grand désespoir de ses amis.

Que venait faire Criton, le riche ami de Socrate, lorsqu'un matin il arriva, tout rayonnant, chez le condamné ?

— Socrate, il ne nous manque plus que ton consentement ; tout est prêt pour ta fuite. J'ai acheté tes gardiens, tu t'évaderas sous un déguisement et, d'ici quelques jours, tu seras en Thessalie chez des hôtes à moi qui n'attendent que de te recevoir.

— Nous allons réfléchir, cher Criton, dit Socrate, et tu verras si tu maintiens ta proposition.

Doucement il expliqua sa pensée :

— J'ai toujours fait profession, dit-il, de respecter les lois ; dois-je aujourd'hui les mépriser parce qu'elles me sont contraires ? Il me semble que si j'étais sur le point de m'évader, je verrais les lois se dresser devant moi et me tenir ce langage : « Que prétends-tu faire, Socrate ? Ce que tu tentes, n'est-ce pas pour nous détruire, nous, les lois et l'État ? Crois-tu qu'une ville puisse subsister, lorsque les jugements qu'on y rend sont sans force, lorsque n'importe qui peut les réduire à néant ?... Tu as aimé ta ville, ô Socrate, tu as profité de ses bienfaits ; veux-tu aujourd'hui manquer de respect à ces lois qui t'ont jadis protégé ?... Où iras-tu, Socrate ? Enseigneras-tu dans une nouvelle patrie la vertu et la justice que tu auras ici méprisées ? Quitte la vie et supporte comme un juste une condamnation injuste, réponds au mal par le bien, et montre tes vertus à ceux qui t'ont soupçonné. »

Tandis que Socrate parlait ainsi, noblement, avec le calme du sage, Criton sentait fondre son espoir. Comment persuader Socrate de préférer la vie à la vertu ?

— Parle maintenant, Criton, disait Socrate ; si tu crois réussir à me convaincre, parle.

— Non, dit-il tristement, non, Socrate, je n'ai rien à te dire.

Ainsi Socrate refusa-t-il de se soustraire à la mort.

Le terme était venu ; le dernier jour se levait pour Socrate. Le gardien ouvrit la porte.

— Patientez un instant, mes amis, dit-il à voix basse, on détache Socrate car ce jour, vous le savez bien, sera celui de sa mort.

Xanthippe, l'épouse du philosophe, était déjà assise à son côté ; elle tenait sur ses genoux son dernier-né et sanglotait.

— Allons, Criton, dit le philosophe dès qu'il vit entrer ses amis, emmène Xanthippe à la maison. Ce sera plus sage pour elle.

Et quand il fut seul, se frottant la jambe :

— Voyez, mes amis, dit-il en souriant, le plaisir et le mal vont souvent l'un derrière l'autre. Je souffrais à cause de cette chaîne et, maintenant que j'en suis délivré, je me sens bien.

À le voir si paisible, ses amis sentaient s'envoler leur trouble et leur douleur et quand il commença à les entretenir d'une voix aussi calme que jadis dans ses promenades familières, il leur sembla que rien n'était changé.

Tout le jour ils parlèrent. De la vie et surtout de la mort, des grands espoirs que le philosophe mettait dans l'au-delà.

— Quand mon âme sera délivrée de mon corps, disait-il, c'est alors qu'elle sera vraiment heureuse. Ne serait-ce pas une chose ridicule de la part d'un homme qui s'est préparé sa vie durant à mépriser son corps que de se révolter quand il est sur le point de s'en débarrasser ?

Tout en parlant, il gardait son air joyeux et paisible et même sa main jouait avec les cheveux dorés que Phédon, encore tout jeune, laissait flotter sur son cou.

— Il est manifeste, disait-il, que notre âme n'est pas mortelle ; quand elle se rend dans l'au-delà, elle n'emporte avec elle que la trace du bien et du mal que vous avez faits. Travaillez donc à vous rendre bons, courageux et justes. Il sera confiant sur le sort de son âme celui qui, durant sa vie, a méprisé les plaisirs et les parures du corps. Pour moi, ma destinée m'appelle. Voici l'heure et je vais de ce pas me baigner, afin d'éviter aux femmes de ma famille la peine de laver un mort.

— Comment veux-tu, Socrate, que nous procédions à tes funérailles ? dit Criton.

Le philosophe sourit.

— Hé, comme vous voudrez, mes amis, que m'importe ! Ce n'est pas moi, mais mon corps, que tu vas exposer, brûler et ensevelir. Pour moi, je m'en irai vers la demeure des bienheureux. Parle donc des funérailles de ma dépouille, et célèbre-les comme tu le voudras.

À cet instant se présenta le serviteur de la Justice.

— Socrate, dit-il, je sais que je n'aurai pas de reproches à te faire et que tu ne t'irriteras pas contre moi. Tu es le plus doux et le meilleur de ceux que j'ai vus en ce lieu. Tu n'ignores pas ce que je viens t'annoncer. Supporte-le de ton mieux.

Et, s'étant pris à pleurer, il s'éloigna.

— Voilà, dit Socrate, un excellent homme. Durant tout mon séjour ici, il m'a bien souvent tenu compagnie, et voyez comme il est ému. Allons ! qu'on apporte le poison.

C'était, en effet, la coutume à Athènes d'exécuter les condamnés en leur faisant boire une préparation de ciguë.

Bientôt le gardien revint, portant une coupe pleine.

— Eh bien ! mon ami, dit paisiblement Socrate, toi qui es au courant, dis-moi, que faut-il que je fasse ?

— Rien de plus, répondit l'autre, que de marcher un peu, après avoir bu, jusqu'à ce que tes jambes se fassent lourdes, puis tu te coucheras.

Le vieillard prit la coupe et la but sans un tremblement. Et comme ses amis ne purent à ce spectacle retenir leurs cris et leurs sanglots :

— Que faites-vous ? dit-il. À quoi m'a servi d'avoir renvoyé les femmes ? N'est-ce pas dans la sérénité qu'il faut finir ? Soyez calmes, ayez de la fermeté.

Ce disant il s'allongea. Le gardien lui tâtait les jambes et lui serrait les pieds.

— Que sens-tu, Socrate ? disait-il.

— Rien, répondit le sage.

— C'est qu'il se refroidit, murmura alors le serviteur.

Bientôt Socrate couvrit son visage, puis le découvrant :

— Criton, dit-il, je dois un coq à Asclépios, paie-le.

Ce furent ses dernières paroles. Criton lui ferma la bouche et les yeux.

Telle fut la fin de Socrate, un des hommes de tout temps les plus sages et les plus justes.

XIV

LA MER ! LA MER !

Transportons-nous en l'année 390 avant Jésus-Christ sur la route de Lacédémone à Olympie. Là, au cœur du Péloponnèse, non loin du temple saint de Zeus, se trouve un petit domaine rural. Des bois giboyeux, des prairies où paissent les bœufs, des vergers, un courant d'eau vive, une belle maison et deux fils dans la fleur de la jeunesse, si unis entre eux qu'on les a surnommés les Dioscures* ; tout cela est la propriété de l'Athénien Xénophon.

Pourquoi un Athénien est-il installé là, sur les terres de Lacédémone ? Les Anciens ne quittaient guère la ville où ils étaient nés et où ils possédaient le statut de citoyen. C'est que Xénophon a eu la vie la plus aventureuse. Parti tout jeune d'Athènes, dans l'espoir de faire fortune en Asie et d'y fonder une nouvelle colonie, il a loué ses services à un prince perse, Cyrus [1]. Il a fait campagne au service de ce Cyrus contre le roi Artaxerxès Memnon, avec qui Cyrus avait querelle. L'expédition s'est mal terminée

---

* Les Dioscures, littéralement « fils de Zeus », en grec, sont les inséparables jumeaux Castor et Pollux.

1. Ce prince ne doit pas être confondu avec Cyrus, fondateur de l'Empire perse.

d'ailleurs. Cyrus est mort dans une grande bataille et les mercenaires grecs qu'il avait engagés ont dû se retirer en combattant pour échapper à la vengeance d'Artaxerxès.

Xénophon a sauvé sa vie à grand-peine. Par la suite, l'amitié dont il s'est lié au roi de Sparte, Agésilas, lui a valu ce petit domaine où il se repose de sa jeunesse aventureuse. Voilà ce qu'on raconte sur lui dans le voisinage. C'est un homme d'ailleurs obligeant, économe, bon administrateur de ses biens, grand chasseur, et qui s'entend comme personne à élever des chevaux.

Le petit domaine est en fête. Non seulement près de là vont se dérouler les jeux d'Olympie, mais encore le maître reçoit un ami, à la fois un vieil ami et un ami lointain, Mégabyzos, prêtre d'Artémis à Éphèse. Cet excellent homme est venu en Grèce à l'occasion des jeux et il en profite pour rendre à Xénophon une somme d'argent que celui-ci lui confia jadis, au temps de son aventureuse jeunesse au service de Cyrus.

— Si je survis, Mégabyzos, avait dit Xénophon, et si je revois ma patrie, tu trouveras bien moyen de me faire parvenir cet argent ; si je succombe, tu le consacreras à la déesse Artémis, Dame d'Éphèse, que tu sers.

Tout arrive : le soldat a revu le sol de Grèce. Mégabyzos est enchanté d'avoir l'occasion de lui rendre son trésor, et l'on célèbre l'heureux événement par un dîner de famille. Sous les treilles de juillet, où verdit le raisin, la table est mise ; le soir descend ; c'est l'heure où la fraîcheur monte des eaux courantes, où les cigales s'apaisent dans les chaumes et les oliviers. Xénophon devise paisiblement avec son hôte, un homme dans la force de l'âge, grand et gras, la barbe noire, l'air imposant.

— Certes, cher Mégabyzos, dit le maître de maison, ce sont des souvenirs qu'il est agréable de rappeler, la coupe en main, aux portes de sa demeure, aux côtés d'un ami comme toi. Aujourd'hui, je ressens la fierté d'avoir conduit dix mille soldats grecs jusqu'à l'heure du salut, dans les conditions les plus dures, à travers les peuples sauvages, hostiles, et les pays les plus inhospitaliers ; mais, crois-moi, je ne voudrais pas les revivre encore, ces heures de la retraite, non, même pour me retrouver comme alors, jeune, fort, plein d'enthousiasme et d'espoir.

— Dis-moi, Xénophon, qui donc t'avait inspiré la pensée de te mettre au service de ce malheureux prince Cyrus ? Tu ne le connaissais guère.

— Tu peux dire pas du tout, ami, repartit Xénophon ; je suis né à Athènes et, dans ma jeunesse, j'ai même été l'élève du divin Socrate. C'est lui qui un jour, dans la rue, me fourra son bâton dans les pieds : « Où achète-t-on la viande et le poisson, jeune homme ? me dit-il. — Au marché, répondis-je. — Où apprend-on à devenir un homme de bien ? » Et comme je restais coi : « Chez moi, répondit Socrate. Tu n'as qu'à me suivre. » Mais Athènes était bien déchue de son ancienne splendeur. Quel moyen pour un jeune capitaine actif d'y pousser sa fortune ? Un de mes amis, Proxénos, depuis longtemps établi en Asie et en relation avec Cyrus, m'invita à le rejoindre à Sardes. « Tu trouveras un pays vaste et riche. Mille occasions d'y faire fortune ! Tiens ! Cyrus, un excellent prince et fort généreux, recrute des soldats. Il veut chasser des Pisidiens qui infestent sa satrapie et pillent les campagnes. Tu devrais t'engager. Ce sera une campagne fructueuse et facile ! » Excellente prédiction, en vérité !

— Eh, quoi ! Xénophon ! Ne t'avait-il pas dit quel gibier il chassait ?

— Eh non, excellent Mégabyzos. Ce n'est que bien plus tard que nous apprîmes la vérité et qu'il nous emmenait contre le Roi de Perse, Artaxerxès Memnon, son frère. Quelles promesses ne nous fit pas Cyrus, quand il fut obligé de révéler la vérité !

« — Grecs, nous dit-il, à mes yeux, vous valez tous les Barbares ; l'empire de mes pères s'étend du côté du midi jusqu'en des lieux où les êtres humains ne peuvent habiter, tant il fait chaud, et au nord, à cause du froid. À mes amis, je partagerai ces biens immenses ; et vous, Grecs, vous recevrez, en plus, une couronne d'or. »

« Compter sur ces promesses, cher ami, c'était monnayer le vent et la fumée ! Heureux furent ceux d'entre nous qui sauvèrent leur vie. Ils ne réclamèrent pas leur couronne d'or !

« Il est vrai que, jusqu'à l'Euphrate, la promenade fut belle et agréable ! Je me souviens d'une plaine toute parfumée d'absinthe. À perte de vue pas un arbre, mais des onagres, des autruches, des gazelles. Tu sais comme j'aime chasser. Je ne me tenais pas de les poursuivre ; mais les autruches sont si rapides qu'il n'est même pas possible de les approcher. Et le prince nous ménageait tant qu'un jour où nos chariots s'étaient embourbés, il envoya pour nous aider les seigneurs de sa propre suite. C'était plaisant de les voir, je te jure, avec leurs manteaux perses tout brodés et leurs tuniques précieuses dans la boue jusqu'aux épaules !

Xénophon riait encore à ce souvenir.

— Bien, bien, dit Mégabyzos, mais à Counaxa tout changea. C'est là que vous attendait Artaxerxès avec une immense armée.

— C'était beau de voir approcher cette armée comme un nuage, au loin, dans la plaine, où luisait, au hasard d'un rayon de soleil, l'éclair des lances.

C'est là que je vis pour la première fois les chars d'assaut armés de faux. Nous combattîmes avec beaucoup d'ardeur, et je t'assure, Mégabyzos, que la victoire était à nous.

— Mais Cyrus mourut dans la bataille... À quels jeux se plaît le destin !... Déjà Artaxerxès était en fuite ; déjà on se prosternait devant Cyrus comme devant le Roi. Il poursuivait les bataillons en fuite. Un jeune Perse ne le reconnut pas. Il lance un javelot...

— Il atteint Cyrus à la tempe et le prince tombe à demi mort. Son cheval erra longtemps dans la plaine, couvert d'un drap de soie plein de sang. C'était la nuit. Le prince se relève pourtant et fait quelques pas entre les bras de quelques fidèles. Un misérable esclave, un valet d'armée, se glisse derrière lui, lui tranche le jarret. Cyrus tombe sur sa tempe blessée ; il expire. Il fallut rechercher Artaxerxès, en fuite, pour l'assurer qu'il n'avait plus rien à craindre et qu'il ne lui restait qu'à jouir des bienfaits du sort. On raconte que, blessé lui-même, il souffrait de la soif. Son ami Satibarzane arrête un Carnien qui portait un peu d'une eau croupie ; il la porte au Roi. « Elle est détestable », dit-il en s'excusant ! « Ah ! s'écria le Roi, je n'ai jamais bu avec plus de plaisir l'eau la plus pure !... Retrouve ce Carnien, je le rends riche. » Ce qui fut fait.

« Quoi qu'il en soit, nous qui avions combattu pour Cyrus, nous eûmes bien de la peine à nous tirer d'affaire. Profitant de notre désarroi, le satrape Tissapherne, ami d'Artaxerxès, capta notre confiance par de beaux discours, puis il invita nos généraux dans sa tente et les fit égorger.

« Nous nous trouvions à dix mille stades de la Grèce, au sein d'un pays inconnu, entourés d'ennemis. Personne ne put dormir cette nuit-là. C'est alors que je pris la tête des troupes.

— J'ai entendu dire, Xénophon, que vous aviez traversé les montagnes d'Arménie, chez ces peuples barbares* que l'on appelle Cardouques, Scythènes, Taoques, Chalybes : des noms qu'une langue grecque ne peut pas prononcer, en vérité, et des gens qu'un Grec préfère ne jamais fréquenter. Je serais fâché, mon hôte, de te rappeler de mauvais souvenirs, mais, en vérité, la curiosité me tient de t'entendre narrer ce qui t'arriva de plus curieux.

— Parmi tant de souvenirs, des pires et des meilleurs, Mégabyzos, il m'est bien difficile de choisir ! Mes voisins, mes enfants m'en font faire parfois mille contes. Certes, nous avons eu des moments terribles. Une de nos pires souffrances fut d'être exposés au froid. Nés pour la plupart en Grèce, vêtus comme des soldats qu vont combattre en Mésopotamie, nous fûmes forcés de traverser les hautes chaînes de l'Arménie, pays hostile où il fallait veiller nuit et jour à notre sécurité. Sans vivres, sans équipement, nous arrivions aux montagnes à la fin de l'automne. La pluie nous saisit, puis la neige. Une nuit, elle tomba en si grande abondance qu'elle recouvrit les hommes étendus par terre et sans abri. Tu sais peut-être, Mégabyzos, que la neige engourdit ; il est doux de s'endormir sous la neige, seulement, on ne se réveille pas ! Le jour venait ; les soldats ne consentaient pas à se lever. Moi-même j'étais si bien ; il me semblait que j'arrivais au bout de mes misères. Je ne sentais ni mes pieds ni mes mains, pourtant couverts d'engelures. Je songeais vaguement à ma patrie, à ma jeunesse, insoucieux de laisser mes os dans ce pays affreux, pourvu que ce fût en dormant. Soudain, se

* Les Grecs considéraient comme « Barbares » tous ceux qui ne parlaient pas leur langue.

présenta à mon esprit le souvenir de mon maître Socrate, si endurant au froid, puisque au siège de Potidée, il avait marché nu-pieds sur la glace. Qu'eût-il pensé, le cher homme, si énergique, si maître de lui, de me voir affalé sous la neige, résigné, comme un vieux cheval, à la mort ? D'un sursaut je bondis, jetai mon manteau, saisis une hache et me mis à couper du bois. Le feu... le feu sauveur jaillit ! L'un après l'autre, mes compagnons secouaient le sommeil mortel ; ils se levaient, se frictionnaient, prenaient la hache et renaissaient à la vie et à l'espoir. Ce jour-là, nous fûmes sauvés. Mais la neige tombait toujours. Oh ! ce vent du nord suppliciant qui nous brûlait la figure ! L'épaisseur de la neige, les hommes devenus sauvages et disputant une part de feu ! On achetait une place à la flamme avec du blé ou du vin.

« Des tribus hostiles nous talonnaient, raflant les bagages et les bêtes de somme. Que de soldats, les pieds gelés, moururent abandonnés dans la neige ! Le cuir humide et racorni de nos sandales nous entrait dans la chair, le reflet du soleil sur les étendues blanches nous aveuglait ; nous marchions en tenant un chiffon noir sur nos yeux. Un jour, je tombai sur un groupe d'éclopés et de retardataires affalés à terre dans un vallon. Une source chaude sortait du sol. Tout autour, la neige avait fondu ; ces malheureux, fous de joie d'apercevoir un peu de terre noire, de sentir un peu de tiédeur, accroupis autour de l'eau refusaient d'avancer. Je les suppliai : ''L'ennemi est à nos trousses, leur dis-je ; il va nous égorger. — Qu'on nous égorge, s'écriaient-ils, nous ne pouvons plus faire un pas.''

« Il fallut organiser la défense sur place. Les pillards approchaient ; déjà nous entendions leurs voix ; ils se disputaient le butin. La nuit descendait. Nous fondîmes sur eux tandis que les malades poussaient de grands cris et frappaient sur leurs boucliers pour effrayer ces indigènes. Nous eûmes le bonheur de les chasser. Ils s'enfuirent et le grand silence des nuits de neige retomba.

Xénophon était accablé par ces souvenirs. Mégabyzos cherche à le distraire.

— Dis-moi, ami, ces peuples que tu as visités, ils devaient avoir des mœurs bien étranges ?

Xénophon relève la tête et rit :

— Bien sûr ! les Arméniens creusaient dans le sol leurs demeures. On y descendait par un puits ; ils vivaient pêle-mêle avec leurs troupeaux et buvaient de la bière avec un chalumeau dans un grand baquet. Pour honorer un hôte, on le traînait près du baquet ; on lui plongeait le menton dans la bière, et il lui fallait boire comme un bœuf. D'autres tribus, au bord de la mer Noire, accommodent leurs mets à la graisse de dauphin. Ils la conservent dans des pots, ainsi que du poisson salé, et le grand luxe de leur nourriture, ce sont des noix plates qu'on ne peut ouvrir [1] et qu'ils font rôtir ou bouillir. Leurs boucliers, qui ont la forme d'une feuille de lierre, sont tendus de la peau, couverte de poils, d'un bœuf blanc.

— Peut-être, Xénophon, te reste-t-il quelques bons souvenirs ?

— Cher ami, je ne peux, sans une intense émotion, me souvenir du jour où nous aperçûmes la mer. Mon cœur se serre encore d'y penser !

« Après ce long martyre que fut pour nous la traversée de l'Arménie, nous avions le sentiment confus que nous approchions de la mer. Aussi interrogions-nous en ce sens tous les indigènes qui voulaient bien traiter avec nous. Nous parvînmes à un bourg qui

1. Xénophon désigne ainsi des châtaignes.

s'appelait Gymnas. Les gens du bourg nous offrirent un guide, qui nous conduirait en cinq jours à la mer. En fait, les Gymnètes voulaient surtout nous utiliser pour leurs intérêts personnels et nous faire passer sur le territoire de voisins à eux avec qui ils avaient querelle, en nous invitant à tout piller et à tout brûler chez eux. N'importe !

« Le cinquième jour, nous arrivâmes sur une haute montagne : le Techès. J'étais à l'arrière-garde. L'avant-garde atteignait le sommet. J'entendis soudain des cris, des hurlements indistincts. À mesure qu'ils touchaient le sommet, les hommes se précipitaient avec des gestes fous ! J'imaginai quelque attaque, une vengeance de ces indigènes que nous avions — il faut bien le dire — malmenés. Je saute à cheval, je m'élance. Enfin je saisis un mot : La mer ! La mer !... Derrière moi, les soldats avaient compris aussi. Ils prennent leur élan, poussent les chevaux, les attelages. Ils courent, s'embrassent, embrassent leurs chefs. Ils entourent un grand tertre : ''La mer ! La mer !'' À l'horizon, une ligne bleue ! La mer aimée des vaisseaux grecs ! La mer qui, en quelques jours, pouvait nous ramener chez nous ! La mer, seconde patrie du Grec, tu le sais, Mégabyzos ! Bonne, belle, elle étincelait, promettant le retour, la fin de nos périls ! Quel instant !...

Tous deux se taisent. Mégabyzos respecte l'émotion de son hôte.

— Tu le vois, les dieux m'ont protégé. Ils m'ont ramené sur le sol de la Grèce. Ils t'ont conduit vers moi ; et, de plus, tu me rapportes un argent que je croyais perdu. Mais cet argent, je n'en veux pas pour moi-même. À Artémis, j'élèverai un sanctuaire. C'est elle qui m'a protégé ; bien souvent, durant les pires moments, j'ai fait vœu de lui consacrer mes offrandes. Vois ces prés sur cette colline, ils seront pour elle. Ses prêtres y élèveront un troupeau sacré que, chaque année, on sacrifiera pour sa fête, et j'y planterai des arbres fruitiers. Nous y bâtirons ensemble un petit temple, qui ressemblera à son immortelle demeure à Éphèse, et j'y veux placer une statue de la déesse qui reproduise l'idole de ton temple, Mégabyzos.

— Celle d'Éphèse est en or, Xénophon.

— La mienne, ami, sera en bois de cyprès. Mais je suis certain qu'Artémis se plaira dans cette humble demeure. Les dieux aiment les cœurs reconnaissants.

— Et toi, mon hôte, après avoir satisfait à la reconnaissance que tu dois aux dieux, songe aux hommes. Ils ont besoin qu'on les enseigne. Ceux qui ont connu de grandes aventures, échappé aux périls, doivent aux générations futures le récit de leurs expériences. Recueille tes souvenirs, réunis-les en un livre[1].

— J'y songerai, Mégabyzos, avec la grâce des dieux !

---

1. Ce livre a reçu le nom d'*Anabase**. On l'appelle aussi : *La Retraite des 10 000.*

* Anabase signifie « la remontée » (ici, vers la mer) en grec.

XV

DEUX FILLES IMMORTELLES

On venait de rapporter le blessé dans sa tente. C'était un homme de taille médiocre, bien pris cependant, et musclé, d'une figure émaciée et noble, les cheveux gris. Ceux qui le transportaient, avec des peines et des précautions infinies, avaient un grand soin de ne pas déplacer le trait qui l'avait frappé en pleine poitrine. Ils le déposèrent sur son lit, tandis qu'on allait en grande hâte chercher un médecin et que se groupaient près de la couche deux ou trois soldats dont l'armement ouvragé annonçait des chefs.

Un pan de la draperie restait relevé et le regard pouvait suivre, à travers la plaine de Mantinée, les évolutions d'un peloton de cavalerie lancé contre des hoplites athéniens. Peu à peu une foule s'attroupait devant la tente et la garde repoussait avec peine ces hommes anxieux.

— Le général est-il grièvement blessé ? demandaient-ils inlassablement. Comment va Épaminondas ?

— Le médecin n'est pas encore venu ; écartez-vous, laissez entrer l'air, retournez à vos postes, l'ennemi n'est pas en fuite, répondaient les chefs.

Ainsi, en pleine bataille, se mourait Épaminondas, le plus grand citoyen que la Béotie ait jamais nourri, et l'un des plus grands généraux de tous les temps.

Ceux qui respectueusement considéraient le blessé, essuyant les larmes qui sillonnaient leurs visages couverts de la sueur et de la poussière de la bataille, ne pouvaient s'empêcher d'évoquer la vie glorieuse dont les derniers instants approchaient. À ce mourant, Thèbes devait le meilleur de sa gloire. C'est lui qui, en moins de neuf années, profitant de l'affaiblissement d'Athènes, de la sénilité des institutions spartiates, des discordes perpétuelles de tous les États grecs, avait su donner à sa patrie la première place dans le monde grec.

Épaminondas ne brillait cependant ni par la naissance ni par le prestige physique. Il racontait volontiers comment sa pauvreté l'avait autrefois forcé à n'avoir qu'un manteau.

— Je restais enfermé, disait-il, tandis que je le donnais au foulon pour le nettoyer.

De médiocre taille, il s'était pourtant si bien exercé à la palestre qu'il n'y avait guère de Thébain qui le surpassât aux exercices physiques. De plus, il avait reçu une éducation raffinée, chose rare à Thèbes où l'on tenait en piètre estime les productions de l'esprit ; il jouait de la flûte avec talent et s'était adonné à la philosophie. Ayant suivi les leçons du pythagoricien Lysis de Tarente, il avait tout à fait adopté les mœurs de cette secte — on dirait presque de cette communauté —, qui, depuis plus d'un siècle, maintenait vivant l'enseignement de Pythagore.

Le Thébain apprit à vivre de légumes et de fruits, à cultiver la modestie, le silence, l'amour du prochain, la pauvreté, le désintéressement. Sa nature réfléchie, ses goûts modestes lui rendirent facile l'observance de cette règle monacale avant la lettre. Il eût voulu inspirer à tous ses concitoyens son propre dégoût pour la jouissance et les excès.

— Renvoyez-moi ce soldat, dit-il un jour de revue, en désignant un militaire obèse ; ne lui faut-il pas quatre boucliers pour couvrir cette bedaine ?

Un voisin l'invita à un sacrifice et voulut à cette occasion lui offrir le grand banquet d'usage.

— Je n'en veux pas, dit-il en s'en allant ; tu m'as invité à un sacrifice, non à une débauche.

Et un jour de grande fête, alors qu'on s'étonnait de le voir vaquer aux affaires publiques dans son costume de tous les jours :

— Ainsi, dit-il, je veille afin que vous, vous puissiez boire et vous gorger.

Ce philosophe austère était aussi un grand citoyen. Confiant dans l'avenir de sa cité, récemment libérée de la garnison lacédémonienne, il groupa autour d'elle toutes les cités béotiennes. Sparte, pressentant un adversaire redoutable, voulut couper court au danger. Son roi Cléombrotos se précipita sur la Béotie.

Le 6 juillet 371, contre les Spartiates, Épaminondas conduisait les Thébains à la bataille devant la petite ville de Leuctres. Mais ce philosophe, ce politicien avisé se révélait aussi un grand tacticien. Il organisa ses troupes suivant une méthode nouvelle, inventée par lui, « en coin », c'est-à-dire en disposant une de ses ailes fortement garnie d'hommes comme une pointe qui déchire et rejette les rangs réguliers des Spartiates. Malgré leur traditionnelle valeur, les Lacédémoniens cédèrent le terrain et Sparte subit un grave échec ; son prestige s'écroula, une partie du Péloponnèse, jusque-là fortement unie autour d'elle, fit défection.

Pendant neuf ans Épaminondas mena la lutte contre Sparte, et même contre Athènes. Et cette lutte, poussée avec un succès parfois inégal, mais toujours avec audace et ténacité, aboutissait là, sur le champ de bataille de Mantinée, à ce coup de lance en pleine poitrine, qui, avec la vie du héros, brisait les espérances de Thèbes d'enfoncer le front spartiate.

Le célèbre bataillon sacré lui-même, dont les trois cents membres ont fait vœu de vaincre ou de mourir ensemble, ralentit son élan. Seule, la cavalerie tournoie encore, s'accrochant par assauts successifs au flanc des Lacédémoniens.

Soucieux, soldats et capitaines circulent du front de bataille à la tente où le blessé s'agite et reprend connaissance.

Le médecin est entré, il palpe le blessé de ses doigts habiles.

— Il a déjà perdu beaucoup de sang, dit-il. Quand j'ôterai le fer, l'hémorragie va reprendre. Hélas ! il n'y survivra sans doute pas.

Épaminondas l'a entendu. « Merci », dit-il d'une voix qu'on perçoit à peine et, comme le médecin se prépare à ôter l'arme de la blessure, il lève la main : « Un instant ! » Il reprend haleine puis :

— A-t-on sauvé mon bouclier ?

— Le voici, maître ! dit son écuyer, tout en pleurs.

L'honneur du soldat est sauf. Aucun Spartiate n'aura la joie d'accrocher dans le temple d'Artémis Orthyia, le bouclier d'Épaminondas.

— Que font les ennemis ? reprend le général.

— Ils fuient.

— Nous avons la victoire ?

— Elle est à nous.

Peut-être l'état-major du général, dans son désir de lui être agréable, a-t-il un peu forcé le succès, car la victoire, assurée jusqu'à la chute du général en chef, hésite et restera indécise.

Le médecin s'approche avec un cordial.

— Bois, dit-il, tu soutiendras tes forces.

En effet, le remède rend quelque vigueur au blessé, qui se soulève légèrement.

— Où sont, dit-il, Diophantos et Iolaidas ?

La réponse hésite sur toutes les lèvres ; consternés, les assistants se regardent. La vérité ne sera-t-elle pas trop pénible au mourant ? On sait qu'il estime ces hommes pour leur talent militaire et les chérit pour leurs vertus. Enfin...

— Ils sont morts, général...

— L'un et l'autre ?

— L'un et l'autre.

Épaminondas paraît péniblement affecté.

— Il ne reste personne, dit-il, pour vous conduire à de nouvelles victoires. Dites au Sénat de Thèbes qu'il conclue sans hésiter la paix avec les Spartiates.

Le blessé ferme les yeux.

— Ôte le fer, murmure-t-il, j'ai assez vécu !

Sous les yeux angoissés des Thébains, le médecin porte la main sur le javelot, l'arrache ; le sang coule. Quels que soient ses efforts, il ne parvient pas à l'arrêter. La pâleur du blessé augmente d'instant en instant. Les assistants, bouleversés, ne retiennent plus leurs gémissements et leurs larmes.

— Ah ! s'écrie l'un d'eux, si ce héros, du moins, laissait quelque postérité, nous pourrions espérer qu'il refleurirait quelque chose de son génie. Hélas ! il n'a pas d'enfants !

Épaminondas l'a entendu. Il rouvre les yeux un instant :

— Je laisse, dit-il, deux filles immortelles, Leuctres et Mantinée !

Ce furent ses dernières paroles.

XVI

COMMENT ON DEVIENT ORATEUR

364 avant J.-C.

Les tribunaux ne chôment pas à Athènes, car les Athéniens aiment la plaidoirie, tant parce qu'ils sont chicaniers et querelleurs que parce qu'ils sont très sensibles à l'éloquence. À vrai dire, ce sont des tribunaux bien curieusement organisés.

Ce n'est pas un juge qui rend la sentence, mais un jury composé de deux cents, cinq cents, parfois quinze cents membres, pris parmi le groupe des Héliastes, ces six mille citoyens tirés au sort chaque année*.

Chaque Athénien est fier d'en faire partie, heureux de la puissance et de la dignité que lui confère le caillou blanc ou noir qu'il dépose dans l'urne, à l'heure du vote.

C'est que les procès sont nombreux, à Athènes, et importants dans la vie de la cité ; non pas les procès criminels qui n'ont à Athènes ni plus ni moins d'importance que dans une autre ville, mais les procès

---

* C'est le tribunal de l'Héliée qui rend la justice civile ; l'Aréopage, qui se réunit sur la colline d'Arès, a la charge de la justice criminelle (voir Entracte, p. VII).

civils, et surtout ceux qui mettent en cause les intérêts publics.

Lorsque paraît en justice le magistrat qui ne peut
pas rendre ses comptes, l'ambassadeur qui a mal géré
les intérêts de la cité, le général dont la négligence
a causé l'insuccès, voilà ce qui passionne le peuple
et donne aux logographes une belle occasion d'exercer leurs talents. Les parties doivent parler elles-
mêmes, telle est la règle inflexible. Aucun avocat
n'a le droit de plaider pour un client. Mais ces
mêmes parties, si elles sont incapables, peuvent faire
composer un plaidoyer par un homme expert, un
logographe, et le prononcer elles-mêmes. Le métier
de logographe est florissant à Athènes ; il y en a à
tous prix ; des débutants à bon marché et des maîtres couverts de gloire, dont les services et les leçons
se rémunèrent à prix d'or. D'ailleurs, le métier est
riche en débouchés ; et plus d'un logographe, deve-
nant homme politique, utilise à l'Assemblée publique l'éloquence qui lui servait au tribunal.

Le jour est à peine levé. Deux citoyens d'âge mûr,
un bâton à la main, s'en vont par les rues tortueuses
d'Athènes.

— Hâtons-nous, voisin, dit le plus âgé, le soleil
atteint déjà le sommet de l'Acropole. La barrière du
tribunal sera ouverte et le public installé quand nous
arriverons.

— Je vois, voisin, reprend le second en souriant,
tu prends tes fonctions fort au sérieux. Es-tu de ceux
qui, comme le disait notre bon comique Aristophane [1], passent la nuit au tribunal, collés comme
un coquillage à la colonne, de crainte d'être en retard

---

1. Dans sa comédie des *Guêpes* où il raille le vieillard qui veut toujours
juger, prototype du Perrin Dandin des *Plaideurs*.

le matin ? « Sa passion, c'est cela, être juge, et il pleure s'il n'est pas assis au premier banc. »

— N'exagérons rien, voisin, mais il est vrai que je suis fort attaché à ce privilège que nous avons, nous autres Athéniens, de rendre la justice. N'est-ce pas un bel éloge lorsqu'on dit de quelqu'un : il est juste, il a le jugement sûr ?

— Je plaisantais, ami, et tu es dans le vrai. En tout cas, d'après ce que j'ai entendu dire, la cause qui sera introduite aujourd'hui devant nous est peu douteuse : ce jeune homme a raison.

— Je ne le connais pas. De qui s'agit-il ?

— Tu ne le connais pas, mais tu as sûrement connu son père, Démosthène du dème* de Péonie, « le Fourbisseur ». Il exploitait une fabrique d'armes, une grosse affaire, qui marchait bien. On l'avait surnommé Fourbisseur parce qu'on ne le voyait jamais sinon en train de polir une arme ; le dernier coup de brillant, il le donnait de sa propre main. Il avait un secret, paraît-il.

— Bon ! Eh bien ! je suppose qu'il l'a toujours.

— Eh non ! Le pauvre homme, il est mort, du jour au lendemain, d'un coup de sang. Tu vois la suite : un garçon de sept ans, une petite fille de cinq et trois tuteurs. Démosthène avait pourtant laissé un testament, un testament très bien fait. Il avait pris mille précautions pour assurer le sort des siens. Mais que valent les précautions quand une veuve ignorante et deux enfants sont livrés aux mains de trois coquins ?

— Je vois la suite. Aujourd'hui, le fils de Démosthène attaque ses tuteurs en justice.

---

* Portion de territoire habitée par une tribu (*dèmos* = peuple, en grec), constituant la cité athénienne (voir Entracte, p. VII).

— Parfaitement, tout au moins l'un des trois : Aphobos.

— Eh bien ! nous avons là matière à quelque beau procès et pour peu que le logographe...

— Il n'y a pas de logographe.

— Comment ?

— Le jeune Démosthène se défendra lui-même.

— Voilà un jeune homme hardi ! Quel âge a-t-il ?

— Vingt ans. Un garçon capable et sympathique, en vérité. Il a montré beaucoup d'énergie. Son éducation était fort négligée, tant par le délabrement de ses affaires que par l'insouciance de ses tuteurs. Il a, tout seul, rétabli la situation, demandé à suivre des cours, rattrapé les jeunes gens de son âge. Il est vrai que sa mère l'a beaucoup aidé. Cléoboulé, vivant dans la gêne, arrachant avec peine aux tuteurs l'argent nécessaire pour vivre, a néanmoins trouvé de quoi subvenir aux études de son fils. Ils ont dû manger plus de poisson salé que de viande, crois-moi, et plus de bouillie que de gâteaux. Par-dessus le marché, la santé du jeune homme est médiocre.

Tout en bavardant ainsi, nos citoyens sont parvenus à l'Agora, et poussent la balustrade du tribunal. Ils reçoivent leur jeton de présence, de la main d'un esclave de l'État, debout au pied de la statue du héros Lycos, qui veille sur les assemblées de justice.

Après le sacrifice et la prière, après que le héraut a proclamé la liste des affaires soumises en ce jour à la juridiction du tribunal, le demandeur se lève. Démosthène est un jeune homme de peu d'allure, maigre et voûté, la tête rasée.

— Citoyens-juges !... dit-il d'une voix mal assurée, tandis que l'esclave public ouvre le petit tuyau par lequel s'écoule l'eau de la clepsydre qui mesurera la durée de son discours.

Démosthène est terriblement pâle ; les jurés considèrent avec pitié ce jeune homme qui tremble d'émotion et s'efforce de se maîtriser.

— Si Aphobos avait voulu se conduire en honnête homme ou accepter, sur ce qui nous divise, un arbitrage de nos amis, il n'y aurait pas aujourd'hui de procès ni d'embarras.

Les premières phrases sortent difficilement de sa bouche. Il hésite, il se reprend et même on dirait qu'il bégaie. Deux fois déjà, les syllabes ont hésité sur ses lèvres décolorées. Peu à peu néanmoins, il se ressaisit. Les juges, que l'habitude a rendus fins connaisseurs, font la moue sur son éloquence. Pauvre, ce plaid, un peu chétif, mal composé, des arguments contestables ; ce jeune homme a beaucoup présumé de ses forces en abordant le tribunal et s'il s'agissait d'une affaire moins bonne... Mais les torts d'Aphobos crèvent les yeux.

— Ce Démosthène a du courage, et son tuteur est un franc fripon. Il est clair que le jeune homme gagnera son procès, murmure un héliaste à son voisin. Mais il est clair aussi que son avenir n'est pas dans l'éloquence. Qu'il reprenne donc la fabrique de son père ; ce sera plus sage. On ne devient pas orateur avec si peu de dons.

339 avant J.-C.

C'est le soir. Soudain un cavalier surgit sur l'Agora. Il est gris de poussière et monte un cheval écumant. Un courrier ! Un courrier ! L'homme arrête sa bête devant la porte de ce bâtiment rond que les Athéniens appellent la Tholos, où logent et mangent ensemble les cinquante délégués ou prytanes que l'Assemblée charge de veiller aux affaires de l'État. Il se précipite, il est entré ! En un clin d'œil, les

Athéniens se sont rassemblés autour du cheval qui tremble de fatigue.

— D'où vient-il ?

— Voilà une bête qui vient de faire au moins quatre-vingts stades.

— Qu'est-il arrivé ?

— Une nouvelle agression de Philippe ?

Voilà vingt ans que la ville d'Athènes vit sous le coup des entreprises de Philippe. Ce roi de Macédoine, ambitieux, turbulent, génial, a bien vu qu'il ne posséderait jamais la Grèce, tant que la noble cité d'Érechthée* serait debout. Depuis vingt ans, il l'attaque, il la ronge ; souvent vainqueur, souvent vaincu, il n'a jamais pu lui porter de coup mortel. Pourtant l'heure semble être venue de l'engagement décisif. Autour d'Athènes, les alliés se sont groupés, les villes, l'une après l'autre, comprenant que leur intérêt est de s'unir plutôt que de se laisser une par une dévorer par le Macédonien, ont envoyé de l'argent, des hommes, des chevaux. Mais Thèbes encore hésite, la puissante Thèbes, voisine d'Athènes, la ville qui, pour l'heure, est peut-être la mieux pourvue d'équipement militaire. Thèbes balance et se fait prier. Choisira-t-elle Philippe ? Se ralliera-t-elle à Athènes ?...

Mais qu'est-il donc arrivé ? Les minutes s'écoulent angoissantes devant une porte fermée. La porte s'ouvre. Le président ou épistate des prytanes paraît. Il lève la main.

— Citoyens d'Athènes, dit-il d'une voix tremblante, Élatée est prise.

Un cri jaillit de toutes les poitrines. Prise ! Élatée ! cette inoffensive petite ville, qui se dresse à trois jours de marche de l'Attique. Prise ! Et par qui ?

---

* Premier roi mythique d'Athènes, à qui est consacré le temple de l'Érechthéion sur l'Acropole.

— Philippe s'est jeté sur la ville. Élatée, surprise, est tombée entre ses mains.

Une rumeur immense emplit la ville. Ce soir, pas un Athénien ne demeurera chez lui. Qui donc pourrait se tenir à la table familiale, goûter le lièvre rôti et les olives, échanger de terrasse à terrasse les joyeux propos qu'inspirent le repos et la fraîcheur ? Les enfants eux-mêmes abandonnent les osselets, les dés et les poupées de terre cuite ; ils s'accrochent, tout effrayés, aux robes de leurs mères.

Les prytanes sont descendus sur l'Agora. Ils ont défoncé les baraques des marchands, arraché les tables des changeurs. On entasse le bois, on allume de grands feux dont les flammes préviendront les gens de la campagne, les appelleront à l'Assemblée au point du jour.

Le jour paraît. Le peuple, angoissé, est là, s'entassant sur la terrasse des Assemblées, débordant le cordon des archers scythes.

Qui veut parler ? Qui propose un projet raisonnable ? Déjà plusieurs hommes politiques ont tenté d'aborder la tribune, et le peuple les a renvoyés. Celui qu'il appelle à grands cris, qu'il exige, en qui il met son espoir et son amour, c'est cet homme d'aspect fragile, qui maintenant se dirige à pas lents vers les gradins de pierre. Il baisse volontiers la tête en marchant ; il fixe ses mains enlacées par les doigts ; son manteau de fine laine drapé sur la poitrine découvre une épaule. Il va parler.

— Citoyens d'Athènes, dit-il d'une voix bien timbrée, dont l'accent même est un plaisir pour l'oreille.

Rien qu'à le voir la foule frissonne de bonheur. Il est là ! Écoutez ! Écoutez bien ! Tout sera sauvé une fois encore. L'orateur poursuit son discours. Il explique combien la prise d'Élatée, en apparence funeste à la cité d'Athènes, lui est au contraire favorable. Élatée est plus proche de Thèbes que d'Athènes. Les Béotiens supporteront-ils de se voir menacés ? Les voilà décidés cette fois-ci. Il y a toute apparence qu'ils prendront les armes contre Philippe.

À mesure qu'il poursuit son discours, l'orateur s'enflamme lui-même, sa véhémence passe sur la foule comme un grand vent qui la secoue au rythme de la phrase emportée. La voix, exercée à une impeccable diction, le geste entraînant, redoublent les effets de l'éloquence. Et parfois la phrase rythmée prend la cadence d'un vers. L'orateur n'a pas terminé qu'une marée d'enthousiasme déferle sur lui. Les Athéniens, tout à l'heure abattus, voguent à tous les vents de l'espérance.

— Qu'on vote un décret, qu'on envoie partout des ambassades ; il n'est plus que de courir aux armes.

Philippe est déjà vaincu par l'éloquence de Démosthène.

Voilà ce que trente ans de travaux ont fait du petit garçon bègue. Suivons-le chez lui, cet orateur bien-aimé. Écoutons-le, tandis qu'il se repose parmi ses familiers et se prépare aux tâches de demain. Lui aussi retourne vers son passé.

— Quel triomphe, Démosthène ! Les Athéniens baisaient la trace de tes pas. Quel discours, il est vrai ! Un des plus remarquables de ta carrière. L'avais-tu préparé ?

— Oui, cher ami, cette nuit même. J'aime peser ce que je dis. Bien entendu, en parlant, je m'écarte souvent de mon texte, les circonstances m'inspirent, j'obéis à la voix des dieux.

— À la vérité, on ne sent aucune différence, si ce n'est peut-être plus de chaleur quand tu te livres à l'inspiration. Il te faut, c'est évident, une technique incomparable pour improviser de façon aussi parfaite. Que de labeur tu as dû t'imposer pour la posséder aussi complètement !

Démosthène se renverse sur son siège, il ferme les yeux.

— Un long labeur et plus long encore que tu ne l'imagines. Je ne sais si moi-même je me rappelle suffisamment tout ce que j'ai souffert.

Un profond silence s'établit, tandis que le maître, ému, remonte le cours de ses souvenirs.

— Je me revois encore tel que j'étais au moment où je décidai d'étudier l'éloquence. Tout me manquait : les bases de la connaissance, l'argent pour payer les professeurs, la santé pour travailler sous leur direction, la voix même pour prononcer un discours. J'ai pourtant réussi à suivre les meilleurs maîtres. J'ai parfois entendu le divin Platon ! Ah ! comme en l'écoutant j'apprenais à raisonner juste, à suivre la preuve jusqu'au bout ! Cet excellent Callias de Syracuse m'a prêté un traité complet du célèbre Alcidamas. Je l'ai travaillé avec fruit. Et je ne peux pas oublier ma dette envers notre grand Isée, ni la lecture assidue que je faisais de Thucydide.

« Eh bien ! Les dieux savent quelle confiance les jeunes gens ont en eux-mêmes. Chers amis, je n'avais pas vingt ans, que tout fier d'une science neuve et qui sentait encore le bois des bancs d'école, j'ai osé plaider une cause. Il est vrai que c'était la mienne. As-tu connu mes tuteurs ?

— Fort bien, Démosthène. Ils sont morts aujourd'hui. Paix à leurs cendres, mais il faut convenir que c'étaient trois francs fripons ! Ils vous avaient effrontément volés, ta pauvre mère et toi.

— J'en conviens, mon ami. Le plus drôle est que j'en fis convenir aussi le tribunal. Ils furent tous trois, grâce à mon éloquence, forcés de me rendre ce qu'ils n'avaient pas encore dévoré. Pourtant, j'étais bien gauche et bien mal exercé. Mais juge un peu de mon triomphe ! J'étais glorieux comme un jeune coq. En sortant de l'audience, je me crus tout permis. Huit jours après, me trouvant à l'Assemblée, je ne sais quelle folie m'envahit le cerveau. Je demandai la parole et montai bravement à la tribune. Je dois dire que j'en descendis promptement. Nos bons concitoyens ne sont pas tendres pour les débutants !

« — Coupe tes phrases en trois, me criait-on, et il y en aura encore assez pour aller d'ici à Phalère.

« — Nous prends-tu pour des idiots, à nous répéter la même chose dix fois ?

« Je me souviens d'un gros bonhomme, je l'ai souvent revu depuis. Il vendait d'ordinaire des alouettes farcies près du sanctuaire de Thésée. Il se tenait au premier rang ce jour-là, et il riait ! il riait ! "Non, disait-il, non, avez-vous entendu sa voix ? Et quel souffle ! Il ne peut pas respirer. Tu as la poitrine faible, jeune homme. Offre plutôt un petit sacrifice à Asclépios*." J'étais loin qu'il me recommandait encore de boire de l'infusion d'hysope chaque soir avant de me coucher.

« Après ce triomphe, vous pensez bien que je suis resté chez moi. Un jour que je me sentais particulièrement triste et découragé, j'allai me promener sur le port du Pirée. C'est là que je rencontrai Eunomis de Thriasie, un bon vieillard, un ancien ami de mon père. "Eh bien, jeune Démosthène, me dit-il en m'abordant, que veut dire cette mine longue ? Pourquoi paresser ici, au lieu d'étudier ? J'étais l'autre jour à l'Assemblée. J'ai assisté à ton échec. Pour-

---

* Fils d'Apollon, Asclépios (Esculape, pour les Romains) est le dieu de la médecine.

tant, mon fils, je puis te le dire. J'ai souvent entendu le grand Périclès. Eh bien ! fais-moi confiance. Ton talent naturel n'est pas inférieur au sien. Travaille, cher enfant, travaille ton style.''

« Il me sembla que le soleil se levait une seconde fois. Je rassemblai mon énergie, je me remis à l'étude et trouvai le courage de remonter à la tribune.

« Hélas ! mes amis ! quelle défaite ! Je dus abandonner sous les sifflets... Cette fois-ci, je me couvris la tête, en signe de deuil. Ne venais-je pas d'ensevelir mes espérances ? Et je me glissais chez moi par les chemins les plus déserts lorsque je me sentis arrêté par le bras. C'était Satyros le comédien, un homme excellent avec qui j'avais quelques amis communs. J'étais bien jeune alors, et gonflé d'amertume. J'éclatai en plaintes.

« — Ah ! Satyros, lui dis-je, quelle malchance est la mienne ! Quelle Euménide* s'attache à mes pas ? Orphelin depuis l'enfance, dépouillé, misérable, à peine ai-je réussi à force de fatigue à posséder quelque art de l'éloquence qu'il me faut renoncer à l'exercer. Qu'ai-je donc pour être ridicule ? Je travaille longuement mes discours, je polis mon style, j'apporte des arguments raisonnables, et je me fais huer, tandis qu'un marchand de lampes, un tavernier ignare se sont fait applaudir à l'Assemblée,

« — Cher Démosthène, me répondit paisiblement Satyros en s'installant sous un figuier, car nous étions entrés dans mon jardin, sais-tu par cœur quelques vers de nos divins poètes ?

---

* Les Érinyes (Furies, en latin) sont trois divinités qui personnifient la vengeance : elles frappent de folie les criminels, tel Oreste dans la mythologie et les tragédies grecques. On les appelle aussi les Euménides (littéralement, les « Bienveillantes », en grec) pour se concilier leurs faveurs (euphémisme).

« — Certes, des centaines.

« — Voilà qui est parfait. Récite-moi donc ce passage de Sophocle qui commence par : "Je pleure sur vous deux, mes filles, car je ne peux plus vous voir, songeant à l'avenir amer qui vous attend."

« Je n'en avais pas dit six vers que Satyros m'arrêta.

« — Ne sens-tu pas que tu récites d'une façon exécrable, Démosthène ? Est-ce Œdipe* qui parle ? Prétends-tu traduire son angoisse, ses terreurs ? Cette petite voix chevrotante, ce ton nasillard ! Est-ce convenable pour un si grand roi ? Et pour comble, cher enfant, quand l'émotion te saisit, tu bégaies ! Écoute-moi plutôt.

« Et Satyros se prit à déclamer.

« — Voici le point où tu dois parvenir, jeune homme. Les meilleurs textes sont sans effet, si l'orateur se rend ridicule en les prononçant. Place ta voix, fortifie ton souffle... et viens me trouver quand tu auras besoin de moi.

« Je suivis ses conseils. La rage me possédait de vaincre ces obstacles physiques : ma voix, l'infirmité de ma langue, ma nervosité qui me faisait bafouiller. Dès le lendemain, je me rasai la moitié de la tête pour n'être point tenté de sortir. Je fis construire un caveau où je passai chaque jour des heures à m'exercer. Puis lorsque je fus forcé de reparaître en public, tout me devint matière à me perfectionner. Entendais-je un discours public ? Vite, rentrant chez moi, je le reproduisais. Assistais-je à une discussion, j'en résumais les arguments au plus tôt. Devais-je discuter une affaire ? Je m'y préparais comme si j'eusse dû

---

* Célèbre héros des tragédies de Sophocle (voir *Contes et légendes mythologiques*, dans la même collection, p. 154).

soutenir les intérêts de l'État. Et le soir, je sortais d'Athènes. J'allais dans la campagne. Je montais des pentes à la course, tout en récitant, espérant gagner du souffle. Je me rendais sur le rivage de la mer ; je remplissais ma bouche de cailloux pour me forcer à prononcer distinctement et vaincre mon bégaiement. J'achetai un grand miroir devant lequel j'étudiais mes gestes. Quel temps ! mes amis ! Quelles épreuves ! Que de fois , épuisé par mes efforts, n'ai-je pas tenté d'abandonner devant les supplications de ma mère. Des mois, des années passèrent.

« La suite, mes amis, vous la connaissez. Il vint un jour où, parlant contre Eschine, je remportai mon premier grand succès. Me voici bien avancé dans ma vie. J'ai usé de mes pas la tribune d'Athènes. On veut bien reconnaître que j'ai rendu quelques services à la patrie. Le moment est venu où le peuple attend de moi plus encore. J'irai, ambassadeur de la ville, chez les Thébains. Puissent les dieux seconder mes efforts !

L'ÉPOPÉE D'ALEXANDRE

1. UN FLAMBEAU S'ALLUME
QUI CONSUMERA L'ASIE

On voit souvent dans les livres d'histoire la photographie d'un buste grec qui représente un jeune homme aux cheveux bouclés, les traits réguliers, la tête un peu penchée sur l'épaule. Au premier coup d'œil, on croit que c'est un dieu, quelque Hermès, quelque Dionysos. Non, ce n'est pas un dieu, c'est Alexandre*. Mais à la réflexion, la différence n'est pas si grande. Alexandre, c'est presque un dieu. Les Anciens le considéraient ainsi et beaucoup de grands hommes ont eu un culte pour sa mémoire. « Je pleure, disait César** à trente et un ans, parce qu'à mon âge, Alexandre avait conquis le monde. »

Ce que fit Alexandre est presque incroyable et après avoir lu l'histoire de Cyrus le Perse, vainqueur de Crésus, l'histoire de Darius et celle de Xerxès, lançant des marées d'hommes sur le continent grec, on

---

* La vie et les aventures d'Alexandre le Grand sont racontées en détail dans *Contes et légendes du temps d'Alexandre*, paru dans la même collection.
** Voir dans *Récits tirés de l'Histoire de Rome*, même collection.

trouvera plus extraordinaire encore l'histoire d'un jeune prince, presque un adolescent, qui, sous son souffle, fit s'évanouir l'empire immense et séculaire des Perses et conduisit sans carte ni boussole une poignée de Grecs, de leur minuscule Macédoine jusqu'à l'Indus, à travers les immensités inconnues de l'Asie.

Le père d'Alexandre, vous le connaissez aussi. C'était ce Philippe, contre qui Démosthène usa ses forces ; un rude adversaire, celui-là ; un soldat dans l'âme, un homme d'État aussi, tenace, rusé, par-dessus le marché un terrible ivrogne comme tous les Macédoniens sur lesquels il régnait. Les Macédoniens apparaissent tard dans l'histoire de la Grèce. Ils habitaient le nord montagneux et boisé. Ils étaient peu civilisés, brutaux, méprisés par les autres Grecs, qui les tenaient pour des rustres. Un roi les gouvernait qui souvent avait fort à faire avec les seigneurs indisciplinés du pays ; mais petit à petit, l'armée macédonienne était devenue excellente et la phalange des Macédoniens armés de longues piques devint célèbre sur les champs de bataille. Philippe finalement vainquit les Athéniens à Chéronée et se trouva maître du continent grec.

Nous sommes en 349 à Pella, capitale de la Macédoine. Dans le jardin du palais, deux personnages se promènent, vêtus de robes bariolées, le teint brun, la barbe noire et coiffés de ces bonnets de feutre qui caractérisent les Perses. Ce sont, en effet, deux seigneurs perses, Artabage et Ménapos, de ces gouverneurs de province que les Perses nommaient satrapes et qui se révoltaient souvent contre le Roi. C'est le cas de ceux-ci, et Philippe les a, fort obligeamment, reçus chez lui. Un enfant grec marche avec eux. Il est blond et bouclé, plutôt trapu. La douceur et la régularité des traits enchantent le regard et font aisément oublier qu'une légère paralysie d'un muscle incline la tête sur l'épaule et que, des deux yeux, l'un est bleu et l'autre noir. C'est Alexandre, le fils de Philippe ; il a sept ans. Il s'entretient avec les Perses, et, tout en marchant, d'une voix douce, leur pose mille questions. De quelles armes se servent les Perses ? Quels sont leurs meilleurs soldats ? Combien de temps faut-il pour aller de Pella à Suse ? Comment vit le Roi ? Quels sont ses occupations, ses amusements ? Il enregistre attentivement les réponses et ses discours ne sont ni enfantins ni étourdis. Quand il les a quittés, les deux satrapes, un peu surpris, se confient leurs pensées.

— Voilà un enfant fort intelligent et qui ne perd pas son temps. As-tu remarqué comme ses questions sont précises et judicieuses ?

— C'est vrai, Ménapos. Il est vrai aussi que Philippe prend de lui un soin extrême. Ne dit-on pas qu'il a choisi lui-même le médecin de son fils et, mieux encore, Lanikê, sa nourrice ?

— On raconte encore bien des choses, répond Ménapos, pensif. La nuit de sa naissance, te souviens-tu, le temple d'Éphèse a brûlé. Les devins ont aussitôt déclaré : « Un flambeau s'allume qui consumera l'Asie. »

Philippe s'occupa diligemment de l'éducation de son fils. Quand l'enfant eut treize ans, il voulut le confier au philosophe et savant Aristote et rédigea, pour solliciter Aristote, une lettre fort aimable : « Je remercie les dieux, écrivait-il, non tant de m'avoir donné un fils que de l'avoir fait naître de ton temps. » Aristote ne résista pas à tant de courtoisie. Il s'installa pendant trois ans, de 343 à 340, à la campagne avec son royal élève et les compagnons de celui-ci, jeunes nobles macédoniens du même âge. On sait le culte qu'Alexandre garda toujours pour Homère et qu'il lui fut inspiré par son maître ; il était de plus bon musicien et goûtait fort le poète Pindare et les poètes tragiques. Mais Aristote était expert aux sciences autant qu'aux lettres : médecine, mathématiques, géographie, sciences naturelles, il apprit sûrement tout ce qu'il put en ces matières au jeune prince.

Huit ans s'écoulent. Alexandre a quinze ans. Dans la cour du palais, branle-bas général. Tous les écuyers de Philippe sont convoqués. Philonicos de Pharsale, un éleveur thessalien, propose au roi un cheval exceptionnel, une bête sans prix qu'il veut bien néanmoins céder en échange de seize talents. Philippe ne se fie qu'à lui-même pour juger de la bête ; il est là, flanqué de son fils Alexandre. Le spectacle est curieux. Bucéphale — tel est le nom de l'animal — paraît un fauve plus qu'une monture*. Il ne supporte personne sur son dos. En vain les écuyers ont-ils employé la douceur et la cravache ; dès qu'ils sautent sur le dos du coursier, celui-ci, hennissant, dressé, ruant, les jette à terre. Philippe a commencé par rire très fort, puis il s'irrite :

— Emmène ton cheval, crie-t-il à Philonicos ; il estropiera toute mon écurie. Appelles-tu cela un cheval dressé ?

— Il faut savoir le prendre, seigneur, répète Philonicos, très désireux de vendre. Tu conviendras que c'est une bête de grande race ; regarde l'encolure, les oreilles, le garrot...

— Que dis-tu, Alexandre ? grogne Philippe brusquement retourné vers son fils.

— Je dis, mon père, que tes écuyers gâtent un bon cheval, qu'ils ne sont que des ignorants et des sots.

Philippe siffle entre ses dents.

---

* Voir Entracte, p. XXII. Bucéphale signifie littéralement : « bœuf + tête », en grec.

— Heureusement pour eux, le jeune seigneur que voici leur apprendra leur métier !

— Eh ! peut-être !... Mon père, permets-moi de dompter ce cheval.

Philippe est de bonne humeur.

— Et si tu échoues, dit-il, quelle sera la punition de ton outrecuidance ?

— Je paierai les seize talents.

Alexandre s'approche de Bucéphale, il le prend par la bride et le tourne face au soleil.

— Ce cheval, dit-il, a peur de son ombre.

Puis il le flatte, et soudain bondit sur le dos frémissant. Les genoux étreignent si serré la bête qu'elle sent son maître et se calme peu à peu. Quand il comprend qu'il en est à peu près vainqueur, Alexandre lance Bucéphale au galop à travers la plaine.

— Je le ramènerai fatigué mais dompté, crie-t-il.

Ce qui fut fait. Bucéphale ne quitta jamais Alexandre et fit avec lui toutes ses campagnes*. Quant aux Macédoniens, une telle manifestation d'athlétisme les éblouit et les gagna définitivement à leur prince.

Quelque temps après, Alexandre accompagna son père dans une expédition militaire contre les tribus scythes, c'est-à-dire les Barbares qui habitaient entre les Carpates et le Don. L'affaire fut chaude et Philippe fut blessé. Son fils lui sauva la vie. Par la suite le roi resta boiteux, ce qui l'exaspérait.

— Ne te plains pas, mon père, disait le jeune prince, chaque pas te rappelle ton courage.

Les rapports entre le père et le fils se gâtèrent un peu. Alexandre devenait jaloux des triomphes de son père. Il disait avec dépit à ses compagnons : « Mon père ne nous laissera rien de glorieux à faire. »

---

* Voir Entracte, p. XXII.

Mais Philippe mourut assassiné en 336, et ce fut le temps pour Alexandre de montrer ce qu'il était capable de faire.

XVII

L'ÉPOPÉE D'ALEXANDRE

2. SUR LE TOMBEAU D'ACHILLE

Alexandre, ayant châtié la révolte des Grecs qui, pleins d'espoir à la mort de Philippe, avaient compté se débarrasser du joug macédonien, prépara une grande expédition contre la Perse. L'inverse de ce qui s'était passé durant les guerres médiques allait se produire. Autrefois, les Perses avaient tenté d'envahir le continent grec. Aujourd'hui une armée grecque envahissait le territoire asiatique. Alexandre affirmait qu'il craignait une nouvelle invasion perse. C'était un prétexte. Le roi d'alors, qui s'appelait Darius, comme ses ancêtres, et qu'on surnommait Codoman, dixième roi de Perse depuis Cyrus, n'avait guère envie de chercher les aventures ; son propre empire lui suffisait, difficile à gouverner d'ailleurs mais rempli de richesses.

Donc, au printemps 334, s'ébranla une forte armée macédonienne de trente mille fantassins et de mille huit cents cavaliers, munie de trente jours de vivres. Alexandre partagea ses biens personnels entre ceux de ses amis qu'il laissait en Macédoine.

— Que gardes-tu donc pour toi ? lui dit l'un d'eux, confus.

— L'espérance, répondit Alexandre.

Puis il quitta le palais où s'était écoulée son enfance et qu'il ne devait plus revoir.

L'armée fit en sens inverse le chemin qu'avait suivi Xerxès au temps des guerres médiques, traversa l'Hellespont et débarqua près de Troie.

Le jeune Roi tint à visiter les lieux où, mille ans auparavant, la race grecque avait remporté son premier grand triomphe.

Nous avons vu qu'Alexandre tenait Homère en grand honneur. Il emportait partout les œuvres du poète et les plaçait la nuit sous son chevet, avec son épée. Plus tard, il les enferma dans une boîte précieuse prise lors du sac d'une ville perse. Cette boîte avait contenu des parfums et le manuscrit fut bientôt pénétré de leur odeur.

Il prit son chemin à travers la campagne où l'on voyait les restes de la ville. Une cité médiocre vivait encore sur la petite colline où la vieille cité de Priam avait eu son siège. La vue s'étendait sur la campagne où serpente le Scamandre jusqu'aux rivages où la flotte d'Agamemnon avait jeté l'ancre. Alexandre se fit longuement expliquer L'*Iliade* sur le terrain même, cherchant à en revivre les épisodes principaux*.

Un notable du bourg crut lui plaire en lui offrant une lyre. Elle appartenait à Pâris, disait-il.

Il savait que le Roi aimait beaucoup la musique. Mais Pâris a laissé dans l'Histoire une fâcheuse réputation : celle d'un prince efféminé, préoccupé de ses amours et peu soucieux d'exposer sa vie. Alexandre repoussa le présent.

— Je fais peu de cas, dit-il, d'un instrument qui servit aux plaisirs de Pâris ; j'aimerais mieux la lyre d'Achille.

---

* À lire dans *Contes et récits tirés de L'*Iliade *et de L'*Odyssée, même collection.

Le souvenir d'Achille hantait, en effet, son esprit. Il se trouvait quelque analogie avec ce héros thessalien*, blond et beau, qui, dans un noble appétit de louanges, avait — dit la légende — préféré à une vie longue et sans honneurs une vie courte mais glorieuse. Achille périt devant Troie, le talon percé par une flèche envoyée par Pâris, et ses compagnons d'armes l'avaient enterré sous les murs de la cité. Alexandre visita pieusement son tombeau. Il désira l'honorer particulièrement. Il organisa, selon une tradition très ancienne, un concours gymnique en l'honneur du héros. Ses compagnons et lui disputèrent des prix à la course, à la lutte, au javelot, au char comme avaient fait jadis les héros achéens sur la tombe de Patrocle. Puis il versa de l'huile sur le monument et posa une couronne.

Enfin il monta au sanctuaire d'Athéna qui, déjà, au temps de Priam, couronnait la forteresse. Il y trouva, suspendue, une panoplie antique qui, lui dit-on, remontait à l'époque de la guerre de Troie. Il la prit et accrocha à la muraille, en échange, ses propres armes qu'il avait choisies légères, d'excellente qualité, mais fort simples. Il prit l'habitude de faire porter devant lui par ses écuyers l'armement qu'il avait enlevé à Troie et qui lui venait — pensait-il — comme un héritage des guerriers d'autrefois. À la bataille du Granique, il s'en revêtit.

Puis, ayant ainsi comme reçu la bénédiction des héros antiques, il commença les opérations militaires.

* La mère d'Alexandre, Olympias, était fille du roi des Molosses, descendant du légendaire Molossos, petit-fils d'Achille. Sa famille se flattait ainsi de faire partie des Éacides, du nom d'Éaque, fils de Zeus et grand-père d'Achille.

XVII

L'ÉPOPÉE D'ALEXANDRE

3. ALEXANDRE ET LA FAMILLE DE DARIUS

Sur le champ de bataille d'Issos, la nuit descend. Dès qu'il a vu le prince macédonien charger contre lui, à la tête de sa cavalerie, superbe, les cheveux au vent, étincelant sous ses armes, Darius s'est laissé envahir par une épouvante sans nom. Son cocher à toute force a fait tourner les chevaux embarrassés dans les cadavres et les armes brisées. Le Roi des Perses a fui, serrant sur sa bouche le voile qui lui enveloppe la tête. Il abandonne une armée qui se bat encore vaillamment et dont les difficultés vont se tourner en déroute. Les roues du char écrasent les cadavres, mutilent les blessés ; le Roi fuit. Bientôt la montagne se rapproche, la route devient difficile. Darius saute à bas de son char, jette son arc et son bouclier et, même, ô honte ! ses vêtements royaux. Il enfourche le cheval que son écuyer entraîne toujours avec lui, et reprend sa course insensée.

Bientôt, abandonnée par son Roi, l'armée perse lâche pied et se précipite à la suite du prince ; dans les défilés de l'Amanus, les troupes se bousculent, s'écrasent et Ptolémée, ami d'Alexandre, qui poursuit avec lui les fuyards, dira qu'il aurait pu chevaucher au pas par-dessus une gorge tant elle était emplie de cadavres.

La nuit tombe, arrêtant les Macédoniens qui reviennent à leurs bases sans avoir atteint Darius. Le camp perse, intact, est tombé aux mains du vainqueur, empli de richesses inouïes et tout encombré des femmes et des enfants des vaincus, que les Perses, selon un usage antique, traînaient toujours à leur suite en campagne. Les soldats se vautrent dans les masses d'or et d'argent monnayés qui devaient servir à payer les troupes perses. Ivres de leur victoire, ils arrachent aux femmes leurs parures ; le désordre, la violence envahissent tout.

Pour Alexandre, on a soigneusement réservé tout ce qui servait au grand Roi ; et les serviteurs perses, qui tout le jour ont préparé le bain, le repas et le coucher qui devaient réconforter leur souverain au sortir de la bataille, attendent docilement leur nouveau maître avec le fatalisme des Orientaux.

Alexandre arrive ; il ôte ses armes et se jette dans son bain parfumé d'essences précieuses.

— Allons, s'écrie-t-il en riant, laver la sueur de la bataille dans le bain de Darius.

Son médecin panse une légère blessure que le Roi porte à la cuisse, puis à table ! La tente de Darius l'attend, haute et spacieuse, tendue de broderies où s'affrontent les lions et les oiseaux brodés en or ; les plus beaux tapis étouffent les pas ; le lit, la table, les sièges, le moindre objet ouvré dans les matières les plus précieuses, avec l'art le plus délicat, arrachent des exclamations. Un bataillon d'esclaves stylés se tient prêt à servir un repas dont les parfums chatouillent le nez de l'état-major macédonien, invité à pertager le dîner d'Alexandre. Le prince, lui, est plus amusé que séduit. Son gouverneur Léonidas l'a élevé dans une simplicité rigoureuse, fouillant même les vêtements et les matelas du jeune garçon pour en ôter les friandises qu'y glissait la main maternelle d'Olympias. Néanmoins, se tournant vers ses familiers et désignant les somptuosités qui l'entourent, Alexandre s'écrie :

— Eh bien ! voilà quelqu'un qui savait être roi, n'est-il pas vrai ?

Comme les vainqueurs s'installent à table, des cris affreux frappent l'oreille. Les clameurs viennent de la tente voisine et, ne sachant ce qui se passe, les gardes du corps macédoniens qui veillent à la sécurité du roi courent aux armes. Ridicule émoi ! Ce sont des femmes qui hurlent, dont les plaintes maintenant traînent et se modulent comme les lamentations de deuil des Orientales.

— Ce sont, dit-on au Roi, les princesses royales qui pleurent. Un Perse prisonnier vient de leur annoncer la mort de Darius.

— Mais Darius n'est pas mort ! s'exclame Alexandre.

— Assurément, mais ce Perse a reconnu entre les mains d'un officier les vêtements, l'arc et le bouclier de Darius qu'on a ramassés près des gorges de l'Amanus. Il en a conclu que le grand Roi avait péri.

Alexandre reste un instant silencieux. Les cris et les sanglots continuent.

— Comme elles aiment Darius ! dit-il, pensif, et le souvenir d'Olympias effleure, peut-être, la pensée d'Alexandre.

— Va, Mithrénès, dit-il à l'ancien gouverneur de Sardes, un Perse qui a trahi Darius et qu'il a, depuis, admis parmi ses familiers. Va, et dis-leur qu'elles pleurent un vivant.

Mais à peine Mithrénès est-il parti, qu'Alexandre réfléchit.

— Qu'ai-je fait ? dit-il, je leur envoie un traître,

un satrape qui a trahi la cause perse. Il y a de quoi les révolter. Je suis grossier et cruel. Toi, Léonnatos, prends quelques gardes avec toi et console ces femmes.

Léonnatos s'approche de la tente où pleurent les captives. À l'aspect de ces hommes armés, les serviteurs assis à la porte des princesses se précipitent à l'intérieur de la tente, épouvantés et persuadés qu'ils viennent, sur l'ordre d'Alexandre, exterminer les femmes. Léonnatos laissé seul et ne sachant que faire, comprenant que personne n'osait ni le chasser ni l'introduire, se décida à pénétrer seul dans la tente. La vieille reine Sisygambis, mère de Darius, tenait pressées sur sa poitrine ses deux petites-filles, Stateira et Drypétis, sanglotantes. À ses côtés, l'épouse de Darius, une femme d'une taille majestueuse et célèbre en Perse pour sa beauté, serrait sur son cœur son fils Ochos, âgé de six ans. Autour d'elles, des femmes du premier rang joignaient leurs cris et leurs gémissements à ceux de leurs reines. À l'aspect du Macédonien en armes, Sisygambis se jeta à genoux.

— Permets-nous, s'écria-t-elle, d'ensevelir Darius selon les rites de notre pays ; une fois les derniers honneurs rendus à mon fils, nous mourrons sans faiblesse.

Ému de voir dans la poussière l'épouse et la mère d'un roi, naguère au sommet de la gloire, une femme respectable à la fois par son caractère et par son âge, Léonnatos voulut la relever le plus doucement qu'il put. Mais elle résistait, continuant ses supplications.

— Écoute au moins ce que je viens te dire, reprit le Grec. Darius est vivant ; quant à vous-mêmes, Alexandre n'a jamais eu l'intention d'attenter à vos jours ; sa bonté vous conservera même les honneurs auxquels vous êtes accoutumées. Prenez courage et calmez-vous.

Alors seulement, Sisygambis consentit à se relever.

Le lendemain, Alexandre fit brûler les cadavres grecs demeurés sur le champ de bataille et fit savoir aux princesses perses qu'elles pouvaient faire recueillir et ensevelir ceux de leurs parents qui se trouvaient parmi les morts. Ce qu'elles firent. La mère de Darius, jugeant avec tact qu'il ne convenait pas d'abuser de la clémence du vainqueur, veilla à ce que ces funérailles fussent modestes et discrètes, malgré les usages orientaux qui demandaient un étalage de faste et de douleur d'autant plus grand que le mort était d'un rang plus élevé.

Vers le soir, le Macédonien décida d'aller lui-même visiter ses captives. Se conduisant, non en maître, mais en prince courtois, il les fit prévenir. Sur le seuil de la tente, il écarta ses compagnons d'armes, ceux qu'on appelait les Hétaïroi et qui partageaient ses plaisirs comme ses travaux.

Craignant d'offenser les princesses accoutumées à la réclusion des harems orientaux, en entraînant avec lui cette troupe d'hommes prêts à les considérer comme des bêtes curieuses, il n'admit que le seul Héphestion, son ami intime. Héphestion était du même âge qu'Alexandre, mais d'une taille plus élevée et d'un aspect majestueux. Aussi, dès qu'elle vit entrer les deux hommes, la reine mère prit-elle Héphestion pour le Roi et, lui rendant les honneurs que le cérémonial perse prescrivait à toute créature en présence d'un roi, elle se prosterna, le front dans la poussière aux pieds du lieutenant d'Alexandre.

Les serviteurs perses, épouvantés, se précipitèrent pour l'avertir de son erreur et Sisygambis, désolée à la pensée d'avoir indisposé son vainqueur, se confondit en excuses.

— Seigneur, dit-elle ingénument, je ne t'avais jamais vu.

Mais Alexandre avait trop d'esprit pour s'offenser d'une erreur aussi inoffensive.

— Ma mère, dit-il, en trouvant d'instinct le nom sous lequel il pouvait honorer la vénérable princesse sans s'humilier lui-même, tu ne t'es pas trompée. Héphestion est un autre Alexandre.

Puis appelant ses lieutenants, il pria de faire rendre aux princesses tout ce qui leur avait appartenu, parures ou mobilier, et de veiller à ce qu'on leur rendît les honneurs de leur rang.

Aussi Sysigambis s'écria-t-elle :

— Prince, ta conduite mérite que nous adressions pour toi aux dieux les prières que nous leur adressions pour Darius. Tu m'appelles ta mère, et pourtant je suis prête à me proclamer ta servante. Mais, comme j'étais capable de soutenir mon rang naguère, je suis capable de porter le joug aujourd'hui.

Comme Alexandre allait s'éloigner après avoir réconforté les captives, il remarqua un joli enfant, serré contre l'épouse de Darius.

— Est-ce le fils de Darius ? s'écria-t-il, et charmé par la bonne grâce du petit garçon, il s'avança vers lui. Aussitôt, s'échappant des mains de sa mère qui s'efforçait de le retenir, l'enfant, dans un mouvement d'une jolie hardiesse, se jeta vers le prince et lui passa les bras autour du cou.

— Eh bien ! s'écria Alexandre en soulevant le petit Perse, je voudrais pour lui que Darius eût quelque chose du courage de son fils.

Puis il sortit de la tente.

La délicatesse d'Alexandre envers les prisonniers ne se démentit jamais. Lorsque la reine, épouse de Darius, mourut subitement, un peu plus tard, il s'associa au deuil des princesses et fit faire à la défunte de royales funérailles.

Plus tard, lorsque Darius eut été assassiné par un

satrape infidèle, Alexandre considéra qu'il avait hérité, avec l'empire du prince défunt, de ses devoirs envers sa famille. Il établit à Suse Sysigambis et ses petites-filles, dans un des palais qui leur avaient appartenu et, plus tard encore, à son retour de l'Inde, il épousa Stateira, l'aînée des filles de Darius, et donna la cadette à son ami Héphestion.

L'ÉPOPÉE D'ALEXANDRE

4. ALEXANDRE FONDE
LES BATAILLONS DE HAUTE MONTAGNE

Nous sommes en 328, en Sogdiane, c'est-à-dire au fond de la Perse, au cœur de ce que nous nommons aujourd'hui le Turkestan. Face à face se trouvent un roi et un rocher. Un piton haut de trente stades, solidement installé sur ses bases, un massif, faudrait-il dire ; et un jeune roi, Alexandre, qui enrage de penser que le rocher se moque de lui, ou plutôt que quelqu'un sur le rocher se moque de lui.

En effet, le Sogdien Arimazès, réfugié dans ce nid d'aigle avec, dit-on, trente mille soldats, des trésors et mieux, des provisions pour deux ans, défie les armées macédoniennes. Le roi voit de ses yeux, à mi-hauteur, l'entrée d'une grotte qui sert de quartier général à ses ennemis. Une source en coule. Les gens du pays affirment qu'après quelques détours, la grotte s'ouvre et se ramifie en vastes chambres, qu'on peut y installer une petite armée et qu'Arimazès n'a aucune intention d'en sortir. On peut, à l'œil nu, distinguer les Barbares qui vont et viennent en toute sécurité, les feux de camp, la relève des postes de garde.

En face d'Alexandre un petit chemin mène à la

grotte. Il ne faut pas songer à s'en servir. Il est étroit, difficile. Ce n'est qu'un jeu pour les Sogdiens de décimer les troupes qui se présenteront. Le roi a fait le tour de la position. Partout des parois verticales, des chaos de rochers.

Alexandre est tenté de partir. Poursuivre sa route vers l'Inde, abandonner Arimazès à son sort ? Quel mal fera-t-il aux Macédoniens ? Jamais il n'osera attaquer leurs arrières. Et pourtant, s'il coupe leurs communications avec leurs bases ? Alors assiéger la roche ? Un siège peut durer longtemps, dans les conditions où il se présente.

Alexandre appelle alors Cophès, un jeune Perse rallié à sa cause et qu'il a fait entrer dans le corps des Hétaïroi, ou Compagnons, ceux qui partagent la vie du roi, même sa bourse, ses repas.

— Cophès, dit-il, va trouver cet Arimazès et tâche de l'amener à se rendre.

Cophès partit. La réponse qu'il rapporta rendit Alexandre fou de colère. Arimazès, dit-il, a ri à se tenir les côtes.

— Qu'il vienne donc, ton roi, disait-il, mais qu'il se donne seulement la peine de monter ! Nous tiendrons la boisson fraîche pour son arrivée, et nous vous apprendrons à danser à la mode du pays.

— Comme je descendais, j'ai honte, seigneur, de te le répéter, il m'a crié : « Demande donc à ton roi si ses troupes ont des ailes. »

Alexandre, furieux, assembla son Conseil. Outré de l'effronterie des Barbares, il jura que, dès la nuit suivante, il leur montrerait si ses soldats pouvaient voler. Son plan était déjà formé.

— Vous avez dans vos troupes, dit-il à ses officiers, des jeunes gens du pays. Amenez-m'en trois cents, de ces bergers qui conduisent leurs troupeaux n'importe où et qui sont aussi agiles que leurs chèvres.

Quelques heures plus tard, les jeunes montagnards étaient là, et tel était le prestige d'Alexandre, qu'ils brûlaient d'enthousiasme et réclamaient à grands cris qu'on leur permît de montrer ce dont ils étaient capables. Alexandre admira en connaisseur leurs muscles, éprouva leur souplesse, les interrogea sur leur résistance et leur dit :

— Jeunes gens, vous avez mon âge. Vous m'avez déjà secondé dans mes travaux. N'ai-je pas traversé avec vous des neiges éternelles ? Vous savez qui je suis, et moi, je n'ignore pas qui vous êtes. Regardez cette roche. Un seul accès, et bien gardé. Mais partout ailleurs, pas un poste. Allez, découvrez un passage, atteignez la cime. Quand vous y serez parvenus, agitez des étoffes blanches. Je les verrai, j'attaquerai, je détournerai le gros des ennemis sur moi et vous n'aurez qu'à fondre sur ce repaire de brigands. Des récompenses vous attendent mais mes libéralités, j'en suis sûr, vous intéressent moins que la joie de m'être agréable. La nature n'a rien établi de si haut que la valeur ne puisse s'y hisser.

Nos montagnards accueillent ce discours avec des hurlements d'enthousiasme. À les entendre, on les eût crus au sommet.

Ils ne devaient pas en être à leur première escalade, car ils se munirent d'emblée d'un équipement convenable : des cordes et des « coins de fer propres à être fichés entre les roches », ce que nous appelons aujourd'hui des pitons, plus, bien entendu, des vivres pour deux jours et des armes légères.

Tout d'abord, ils purent se frayer un chemin au flanc de la montagne. Puis ils parvinrent aux escarpements. L'escalade commença. Rien d'autre à faire que d'utiliser les prises, quand elles étaient solides et suffisantes. Dans les passages difficiles, ils fichèrent leurs coins de fer entre les rocs et s'élevèrent en les utilisant comme des degrés. Ils se servirent aussi des cordes, d'une façon que le récit qui nous a été laissé ne rend pas très claire, en lançant les nœuds coulants de leurs cordes, dit le texte. Peut-être passèrent-ils des nœuds coulants autour des becs du rocher et se servirent-ils des cordes pour se hisser. Le jour s'achevait et il semblait que la roche devenait de plus en plus impraticable. Déjà plusieurs d'entre eux, le pied moins sûr, avaient roulé sur les flancs de la montagne. Enfin, épuisés, ils parvinrent au sommet avec la nuit, se nichèrent comme ils purent dans les rochers et attendirent le jour.

De son côté, Alexandre, inquiet et tourmenté d'avoir envoyé ces hommes à un péril si certain, ne tenait pas en place. Tout le jour, il demeura devant sa tente, regardant la montagne, espérant le signal convenu. Rien ne vint. À la nuit, il fut bien obligé de se retirer.

Dès le jour, nos hommes se lèvent, repèrent les feux de camp de l'ennemi et, fixant des étoffes blanches sur leurs lances, avertissent le roi que leur mission est accomplie. Celui-ci était sorti avant le jour. Plein d'angoisse, il inspectait le rocher. Il croit apercevoir le signal, mais si loin, si haut, qu'il ne se sentait pas sûr du témoignage de ses yeux. Est-ce un rayon du soleil naissant, un lambeau de brume, une illusion ? Enfin le jour grandit, le ciel devient clair, la vue meilleure. Plus de doute : les trois cents braves ont rempli leur mission. Il restait à exploiter ce succès, à ne pas rendre inutile l'exploit de ces courageux jeunes gens. Alexandre n'était pas sûr de lui. Il renvoie Cophès vers Arimazès.

— Rends-toi, répète une seconde fois le Perse. Le roi est bien disposé pour toi, tu obtiendras des conditions supportables.

Le Sogdien, sûr de lui, fanfaronne. Alexandre

a donc bien peur qu'il n'ose pas attaquer ? Que le parlementaire s'en aille, sinon il pourrait bien redescendre plus vite qu'il n'est monté.

— Viens, dit Cophès, sortons de la grotte et regarde. Que vois-tu au sommet de ton repaire rocheux ? Tu nous demandais si nous avions des ailes. Que dis-tu à présent ? Eh bien, je pars, n'attends pas qu'il soit trop tard pour réfléchir.

Et Cophès descend le chemin.

En même temps une clameur s'élève du camp macédonien. D'en bas monte par grandes vagues l'appel strident des trompettes. Que se passe-t-il ? Est-ce le signal de l'attaque ? Arimazès perd son sang-froid. Il ne se rend pas compte combien est faible cette poignée d'hommes qui le menace d'en haut. Il lui semble qu'un soldat sort de chaque rocher. La stupeur, la panique bouleversent son cerveau de Barbare. Il envoie des parlementaires et, finalement, se rend sans conditions.

L'ÉPOPÉE D'ALEXANDRE

5. UNE HONTE INEFFAÇABLE : LE MEURTRE DE CLITUS

Le souper touchait à sa fin. Dans un air moite, saturé du fumet des nourritures et du parfum des fruits, une vingtaine d'hommes couronnés de fleurs meurtries et fanées, les cheveux collés aux tempes par la sueur ou les huiles de senteur, criaient, chantaient et se passaient avec des hourras une énorme coupe remplie de vin du Turkestan, un vin fait avec du raisin trop mûr, un vin épais, sucré et très fort en alcool. L'un d'eux est Alexandre ; en face de lui un homme aux cheveux gris, l'air rude et bon, Clitus le Noir, un ancien compagnon de Philippe, un vieil ami pour Alexandre. La sœur de Clitus, Lanikê, a nourri Alexandre qui la considère comme une seconde mère ; et le brave Clitus a sauvé la vie de son maître au passage du Granique. Son bon visage tanné par le soleil d'Asie, sa moustache en broussaille ne rappellent que de joyeux et tendres souvenirs au cœur d'Alexandre. C'est en son honneur que le Roi donne un banquet : Clitus reçoit le gouvernement de Sogdiane et comme Alexandre a reçu des corbeilles de fruits magnifiques, convoyés à grands frais depuis la côte ionienne, il lui est venu subitement à l'idée de réunir ses amis pour un repas d'adieu à Clitus.

Alexandre a revêtu la robe perse, une longue simarre blanche traînante et brodée, ceinte d'une écharpe. De plus en plus, il se plaît à imiter les rois perses. Ne se prétend-il pas l'héritier de Darius, n'entretient-il pas sur un pied royal la famille du prince défunt ? Au retour de ses expéditions, c'est avec joie qu'il se détend dans les délices des palais achéménides, qu'il s'abandonne aux soins des valets, cuisiniers, masseurs, ou barbiers de son prédécesseur, et plus d'un compagnon macédonien a dû faire antichambre et recevoir un billet d'audience de la main d'un huissier perse. Heureux quand ce n'était pas pour trouver deux satrapes installés aux côtés du maître, car, maintenant, les jeunes Perses ralliés au nouveau roi partagent tous les privilèges de la noblesse macédonienne ; ils servent dans les gardes du corps ; ils se voient confier des provinces. Alexandre pratique une politique de réconciliation qui dépasse l'esprit un peu borné de ses Macédoniens et le sang grec commence à bouillonner.

Mais ce soir, tout est à la gaieté, une gaieté un peu haute de ton, car les convives sont passablement ivres. Le Roi est ivre, bien entendu, tout le premier. Il n'y a plus de sobres dans cette salle où les sentinelles macédoniennes, la sarisse en main, veillent sur la sécurité du Roi.

Entrent trois ou quatre bouffons perses, salués par les acclamations générales, qui, grimpés sur une table, se disposent à régaler l'assemblée avec des danses et des chansons. Tout va bien pendant un temps, leurs contorsions échauffent encore la gaieté ; l'atmosphère monte d'un ton. Mais quand l'un des pitres soudain annonce : « Vie et succès du puissant capitaine Arménias de Téos », un froid tombe sur l'assemblée. Cet

Arménias de Téos est un brave militaire déjà d'un certain âge dont la malchance est proverbiale. Il suffit qu'il reçoive une mission pour qu'il essuie un échec. Alexandre se divertit souvent aux dépens du bon vieux et, ce soir, il rit à se tenir les côtes des couplets composés sur lui.

— Une autre ! s'exclame-t-il. Tiens ! raconte-nous l'aventure de Philotas d'Argos qu'un Bactrien a mis en fuite avec un bâton.

Le petit bouffon s'exécute et tandis qu'il mime les contorsions du Macédonien malchanceux, le malaise des convives s'accentue. Eux détestent qu'on leur rappelle comment les Grecs se sont trouvés en mauvaise posture devant des Barbares ; les gens d'âge se sentent encore plus humiliés que les jeunes, car la plupart des braves gens dont on se moque sont de vieux soldats, que l'âge ou les blessures rendent maladroits. Clitus, plus que personne, ressent l'offense de ces plaisanteries.

— Arrête donc ces gens-là, crie-t-il à Alexandre, en lui désignant les bouffons.

— Mais non, ils sont très drôles, s'entête Alexandre. Écoute, ils vont nous raconter l'histoire d'Onésicrite, fils de Théoclitès, qui avait pris des sacs de farine pour des chameaux.

— S'il a pris des sacs pour des chameaux, c'est qu'il a de mauvais yeux, gronde Clitus, et s'il a de mauvais yeux, c'est qu'au siège de Tyr, il a reçu de l'huile brûlante sur les paupières, à ton service, tu entends, Alexandre ! As-tu juré de rendre ces braves gens ridicules devant ces Perses, misérables esclaves bons pour nous essuyer les sandales avec leur barbe ?

— Qu'est-ce que tu racontes, Clitus ? De vieux imbéciles, voilà tout ce qu'ils sont ! Et plus souvent encore des lâches, qui ont peur de leur ombre.

— On n'est pas lâche, Alexandre, pour être infirme ou âgé. Voilà bien l'insolence de ces jeunes qui se croient tout permis parce qu'ils ont de la chance !

Alexandre se retourna vers ses voisins, et, bouffonnant :

— Clitus plaide pour lui ! s'écria-t-il. Il voudrait bien qu'on appelle la couardise malchance.

Cette fois-ci, Clitus s'étrangle de fureur, bondissant sur ses pieds et brandissant sous le nez du Roi un poing formidable :

— Un couard, moi ! moi !... Est-ce ma lâcheté qui t'a sauvé la vie, hein ! tout fils des dieux que tu te crois ! Tu ne te souviens plus du Granique ! Tu avais déjà tourné le dos — oui, le dos — à l'épée de Spithridatès, quand ce bras que voici a fait voler la main avec l'épée ! Où serais-tu, hein, Alexandre, si ce vieil imbécile de Clitus ne s'était pas trouvé là ?

— Trouve autre chose, Clitus ! hurle Alexandre. Tout le monde connaît ton histoire. Il y a trop longtemps que tu la répètes.

Les convives commencent à s'agiter. Il n'est pas rare que le Roi se prenne de querelle avec un de ses familiers et il tolère aisément qu'on lui réponde ; mais Clitus attaque sur des points très sensibles. Ne raille-t-il pas Alexandre sur ses prétentions à se faire adorer comme fils de Zeus Ammon* ? Les Macédoniens rient volontiers entre eux de cette concession aux habitudes orientales. Passe pour un Pharaon, pour un roi perse de laisser croire à des multitudes abruties qu'un dieu-soleil les a engendrées, mais les Grecs n'acceptent pas de pareilles sornettes.

---

* Zeus Ammon était honoré par les Égyptiens. Alexandre se considérait comme son fils, à la suite d'un rêve fait par sa mère Olympias avant sa naissance (voir *Contes et légendes du temps d'Alexandre*, *op. cit.*, p. 7).

— Fils de Zeus ! tu ne comptais pas trop sur ton immortalité ce jour-là, hurle Clitus. Fils de Zeus ! Nous prends-tu pour des Perses ? Tu renies ton père, à présent ! Ah ! grand prince ! Noble Philippe ! mon maître, mon bienfaiteur ! Voilà ton fils dégénéré ! Oui, dégénéré ! Toi, à Chéronée, tu as vaincu des hommes, lui n'a vaincu que des esclaves, des pitres, des femmes !

Alexandre pâlit de colère. Peut-être a-t-il souffert dans son enfance d'avoir un père trop glorieux ; quoi qu'il en soit, il n'aime guère qu'on parle trop des exploits de Philippe devant lui.

Déjà les plus âgés des convives s'efforcent de raisonner Alexandre. Les voisins de Clitus l'empoignent, lui mettent la main sur la bouche, le tirent vers la porte. Clitus résiste et aggrave ses torts.

— Heureux ceux qui sont morts avant de voir des Grecs fouettés de verges médiques ; avant que les Macédoniens prient des Perses de bien vouloir les introduire chez leur roi ! Eh bien ! s'il te déplaît d'entendre ce que j'ai à te dire, laisse les hommes libres où ils sont et convie à tes festins tes Barbares serviles qui se prosterneront devant ta robe et ta ceinture perses.

Alexandre saisit une pomme, la lance à la tête de Clitus et d'une main fébrile fouille sous les coussins à la recherche de son épée. Aristophanes, un des gardes du corps, a pris sur lui de l'ôter. Il se jette hors de table, repoussant ses amis qui le supplient de se calmer, et appelle ses gardes en employant le dialecte macédonien, ce qui était chez lui signe d'émotion violente.

— Je suis trahi ! crie Alexandre. Voilà mes amis qui se jettent sur moi, je suis un nouveau Darius ! Ce Bessus veut m'assassiner ! Trompette, sonne l'alarme !

Le jeune soldat auquel le Roi s'adresse, voyant qu'Alexandre n'est plus dans son bon sens, recule sans obéir.

— Sonne, misérable ! hurle Alexandre et, d'un coup de poing en plein visage, il renverse le jeune homme.

Cependant on parvient à entraîner Clitus ; on le pousse hors de la salle. Chacun respire mieux. Ptolémée et Perdiccas s'attachent au Roi et le supplient.

— Réfléchis, calme-toi ! Demain, oui, demain, tu puniras Clitus.

Brusquement Clitus apparaît à une autre porte, lève la tapisserie, et d'une voix de stentor, récite six vers d'Euripide :

Hélas, quelles ne sont pas les erreurs de la Grèce ?
Lorsque le soldat dresse un trophée,
Qui pense encore à ceux qui ont peiné ?
Le général recueille la gloire ;
Quand il brandit la lance, il est parmi des milliers
[d'hommes,
Mais s'il peine comme un seul homme, il remporte
[la gloire de plusieurs.

Alexandre arrache la sarisse d'une sentinelle et, d'un seul geste, la passe à travers le corps de Clitus. Clitus ne poussa qu'un cri et tomba mort. Son sang jaillit, éclaboussant la robe d'Alexandre.

Un instant affreux s'écoula. L'arme tomba de la main du jeune Roi, hébété par ce qu'il avait fait. Pas un mot ne sortait de la gorge des assistants horrifiés. Soudain, un cri épouvantable retentit. Alexandre, saisissant la lance, voulait se précipiter sur le fer. On lui arrache l'arme des mains, on le maîtrise, on l'emporte malgré ses supplications.

— Laissez-moi, je veux mourir. Je suis indigne de voir le jour ! Ne me laissez pas survivre à ma honte !

Toute la nuit, tout le jour suivant, en proie à des remords atroces, Alexandre se roula sur le sol, déchirant ses vêtements, s'écorchant le visage. Tantôt il rappelait les mérites de Clitus, sa bonté, son courage, et qu'il lui devait la vie ; tantôt il suppliait qu'on ne l'abandonnât point seul.

— Qui aura confiance en moi, misérable ? criait-il. J'assassine mes amis, ils auront peur de moi comme d'une bête féroce que je suis.

Puis, d'une voix enfantine, il s'adressait à Lanikê comme si elle eût été présente.

— Lanikê, ma chère vieille nourrice, tes deux fils sont morts à Milet pour moi. J'ai tué ton frère ! Que te reste-t-il, Lanikê ? Sinon moi, moi dont tu ne pourras plus supporter l'aspect !

À l'aube, il ordonna qu'on lui apportât le corps de Clitus, comme il était, encore ensanglanté, et l'on n'osa pas lui désobéir. Ses cris recommencèrent et toute la journée se passa ainsi. Le soir, épuisé, il se tut. Ses amis, groupés devant la tente, n'entendaient plus que ses sanglots et ses soupirs. Puis le silence régna. Ils prirent sur eux d'entrer, ramassèrent le Roi à demi évanoui, tentèrent de le réconforter. Mais lui retrouvait des forces pour les chasser et leur enjoindre de se taire. À force de patience, ils le firent manger, puis le temps coula, apportant quelque remède à sa honte, à ses remords.

Les Macédoniens l'aimaient si passionnément qu'ils allèrent jusqu'à décréter que le Roi avait accompli un acte légal en punissant Clitus de ses insolences, essayant ainsi de lui procurer quelque apaisement. Dix jours passèrent. Il fallut bien que le Roi sortît de sa tente, s'occupât des affaires de l'armée, envoyât Héphestion chercher des vivres en Bactriane. Peu à peu, parce qu'il était jeune, plein d'une vie qui réclamait ses droits, quoi qu'il en eût, il oublia. Il quitta

Maracanda, aujourd'hui Samarkand, où s'était déroulé le drame, s'installa en Sogdiane. La vie recommença pour lui.

L'ÉPOPÉE D'ALEXANDRE

6. TÉMÉRITÉ D'ALEXANDRE

Comme le roi donnait l'ordre de faire avancer les troupes, le devin Démophon l'arrêta par le bras.

— Seigneur, dit-il, ta vie est en danger. Les dieux te le font savoir par ma bouche.

Mais Alexandre n'était pas de bonne humeur. La chaleur l'accablait ainsi que l'humidité de cette végétation pourrissante. Si grand que fût son appétit d'atteindre un jour les limites du monde et le fleuve Océan qui en fait le tour et d'avoir réuni sous son sceptre la totalité du monde alors connu, il sentait un malaise l'envahir. Assez de ces fleuves gorgés d'eau qu'il fallait franchir à la nage ou sur des radeaux ; assez de ces guerriers vêtus de coton blanc, assez de ces ascètes décharnés, barbus et chevelus comme des forêts, qui tournaient vers lui un regard extatique, tout occupés d'une éternité à laquelle, lui, ne croyait pas ; assez du barrissement des éléphants de guerre, qui épouvantent les chevaux. La phalange macédonienne se bat à contrecœur, excédée par ces travaux sans fin, épuisée par le climat torride ; les hétaïroi cachent à peine leur hostilité ; Alexandre se sent seul, déçu, anxieux. Il brûle de terminer cette campagne, de parvenir jusqu'à l'océan, puis de rentrer à Babylone, ayant mené à bien sa tâche gigantesque.

Et pourtant, l'Inde engendre chaque jour des multitudes d'ennemis nouveaux. Rajah après rajah, couverts de perles, les petits souverains, juchés sur leurs éléphants, surgissent de ce sol, terre mauvaise et démoniaque. Alexandre se sent nerveux. Que lui veut encore ce sot ?

— Que dirais-tu, Démophon, réponds-moi, si, quand tu examines les entrailles des victimes, quelqu'un t'arrêtait par le bras* ? Eh bien, moi, je n'ai pas sous les yeux de sales entrailles, mais des objets d'une tout autre importance (et son bras désigne la muraille de brique qu'il assiège). Il n'y a pas de pire encombre pour moi qu'un devin abruti par ses superstitions.

Démophon n'insiste pas. Il sait bien que le roi n'est pas toujours si dédaigneux de l'art divinatoire ; il l'utilise, il en profite même pour duper les foules naïves, et pourtant, parfois, il le redoute. Mais qu'Alexandre règle lui-même ses rapports avec les dieux. Démophon a fait son devoir et dégagé sa responsabilité ; il s'esquive, tandis que les troupes montent à l'assaut de la bourgade indienne. Un bon rempart de briques la défend, passablement épais. Le Roi donne l'ordre d'apporter des échelles.

Le mur est élevé ; des tours, de distance en distance, le défendent du haut desquelles les soldats enturbannés de blanc font un tir plongeant efficace. Tandis que les Macédoniens hésitent, Alexandre

---

* Les Anciens, Grecs et Romains, procédaient toujours à un sacrifice avant de s'engager dans une action : l'examen des viscères des animaux sacrifiés devait permettre d'interpréter l'avenir pour savoir s'il serait favorable.

186

a bondi. Il est déjà sur le mur, mal installé d'ailleurs, dans une position très glissante, se protégeant de son bouclier. À l'instant même les gardes du corps d'Alexandre se précipitent, à leur tour, chargent les échelles. Un cri s'élève ! Elles se sont rompues sous le poids ! Seuls, trois des familiers d'Alexandre : Peucestas, Abréas et Léonnatos, ont atteint le chemin de ronde et luttent pour se rapprocher du Roi.

En bas, la plus grande confusion règne. Tous les soldats, désespérés de voir leur chef en un si grand danger, se bousculent, s'efforcent de grimper, d'improviser des échelles.

Sur le rempart, la position d'Alexandre empire. Ses ennemis sont certes peu hardis. Ils tâchent de réduire de loin l'attaquant. Mais le bras qui soutient le bouclier se fatigue, le Roi se découvre peu à peu.

— Reviens, reviens, saute vite ! lui crient d'en bas ses amis.

Ils tendent les bras pour le recevoir et soudain Alexandre, soit désespoir, soit témérité, prend une décision insensée. Il saute non à l'extérieur mais à l'intérieur de la ville. D'un coup d'œil, il a d'ailleurs reconnu une position tenable. Un arbre vénérable pousse au pied du rempart, étendant bas ses branches qui protègent des traits, offrant son tronc épais qui empêche le Roi d'être pris à revers.

Honteux d'être tenus à distance, deux Indiens s'avancent. Le Macédonien les étend morts et la foule recule. Mais ce n'est plus qu'une question de minutes. Ruisselant de sueur, les genoux ployés, Alexandre manœuvre encore son bouclier, mais sa défense est de plus en plus imparfaite. Une flèche, très longue comme sont les flèches du pays, se fiche dans sa poitrine. C'en est fait du Roi, il chancelle. Avide des dépouilles d'un si grand mort, un Hindou se précipite, mais comme sa main touche l'armure, le blessé, d'un suprême effort, sursaute et lui enfonce son épée dans le flanc. Au même instant, Abréas, Léonnatos et Peucestas se sont frayé un chemin jusqu'à leur Roi. Abréas tombe mort, mais les deux autres, bien que blessés, font au roi un rempart de leur corps. Lui, tente de se redresser, s'appuie sur son bouclier, s'accroche aux branches basses, parvient à se mettre debout, puis retombe sur les genoux. Sa main menace encore, mais en vain. Il serait une proie facile, si Peucestas ne le couvrait justement de ce bouclier sacré pris au temple d'Athéna Troyenne. Trois javelots percent le vaillant compagnon, une pierre atteint Léonnatos à la tête. Vont-ils expirer tous les trois sous les coups ?

Non, car de toutes parts les Macédoniens arrivent. Ils ont enfoncé des javelots dans les briques de terre crue. Les uns grimpent par ces degrés improvisés, les autres se font la courte échelle. Le désespoir et la honte leur donnent des forces. Les premiers courent au secours du Roi, les autres se précipitent sur les portes pour les ouvrir à toute force, d'autres, enfin, percent les murs.

Féroces, imaginant que chaque Indien a blessé leur roi, ils exterminent tout ce qu'ils rencontrent.

Cependant Alexandre, inanimé, est emporté sur un bouclier comme les braves morts au champ d'honneur. Ce n'est pas la première fois que le prince est blessé. Il paie toujours de sa personne et son corps porte bien des cicatrices. Mais cette fois-ci, la blessure est grave. Le trait est énorme, fiché profondément : l'air s'échappe de la plaie, dit-on, prouvant ainsi que le poumon est atteint.

On raconte que le médecin Critodémos étant absent, Alexandre intima l'ordre à son ami Perdiccas d'élargir la plaie avec son épée pour en arracher le trait fixé par un crochet. Malgré une hémorragie considérable, le roi survécut. Pendant un jour et une nuit, on ne put dégager la tente des soldats désespérés qui l'assiégeaient.

Sept jours après, il était sauvé. Il trouva l'énergie de se montrer aux troupes, et surtout aux ennemis qu'avait encouragés l'annonce de sa mort. Mais sa faiblesse restait extrême. Il dut se reposer longtemps et Cratéros, au nom de tous ses fidèles, le supplia de ménager sa propre vie.

— Qui de nous, disait-il, consentirait à te survivre ? Veille à ton salut, qui s'identifie avec le salut de tous.

XVII

L'ÉPOPÉE D'ALEXANDRE

7. UN DIEU MEURT DANS SON LIT

À son retour des Indes, Alexandre, infatigable, prépara une expédition contre les Arabes ; il se fit amener à Babylone des troupes fraîches, recrutées en Perse, et procéda à leur répartition dans les cadres de l'armée existante au cours d'une cérémonie pompeuse. Il y présida, assis sur le trône des Rois de Perse gardé par les serviteurs de Darius qui en avaient eu autrefois le soin. Comme il faisait chaud et qu'Alexandre avait soif, il quitta son trône pour aller boire et ses familiers le suivirent. Or, voici qu'un inconnu, l'air égaré, s'élance et, avant que les gardes aient pu l'atteindre, il saisit le manteau royal et le diadème, dont Alexandre, fatigué, s'est dépouillé, les revêt et s'installe sur le trône. C'est un fou ; mais l'incident n'en est que plus sinistre. Les dieux conduisent souvent les faibles d'esprit. Les devins virent un présage dans l'incident.

— Un étranger, dirent-ils, prendra bientôt la place d'Alexandre.

Le roi, néanmoins, poursuit les préparatifs contre l'Arabie. Il offre un banquet pour célébrer le départ de son ami Néarque, amiral de la flotte, qui va s'occuper de la partie navale de l'expédition. La nuit venue, comme il va rentrer chez lui, Médios de Larissa, un prince thessalien que le roi aime fort, vient le convier à une petite réunion chez lui. Alexandre, bien que fatigué, ne résiste pas et cette nuit de fête éprouve encore sa santé.

Le lendemain, après un bain, il s'endort fiévreux.

Le jour suivant, il tint à faire le sacrifice d'usage, et se fit porter en litière jusqu'aux autels. Il se recoucha tout le jour. Le soir, il fit un effort, se leva et convoqua ses lieutenants. Le jour était torride ; juin en Babylonie est un mois détestable ; des fleuves s'exhalent les miasmes, et les moustiques tourbillonnent. Le soir, il se fit porter au bord de l'eau dont la fraîcheur semble promettre quelque soulagement à sa fièvre, passe la soirée dans un beau jardin et se repose avec plaisir.

Le quatrième jour se passe assez bien, mais la fièvre reprend la nuit et, dès le sixième jour, elle ne le quitte plus. Quelle que soit l'énergie du malade, qui continue à donner ses ordres pour l'expédition, l'inquiétude se répand dans l'armée. L'état du prince empire. Le neuvième jour, il fait appeler ses principaux officiers, les reconnaît, mais ne peut leur parler. La fièvre le dévore.

Le lendemain, des soldats accourus aux portes du palais supplient qu'on leur permette d'entrer ; d'autres soutiennent que le héros est déjà mort et qu'on leur en cache la nouvelle.

Ils crient, ils menacent ; on finit par ouvrir les portes. Ils sont en tunique, sans armes. Un par un, les yeux pleins de larmes, ils défilent devant le lit de leur roi. Sans force pour parler, l'agonisant soulève faiblement la tête et salue d'un signe des paupières. Cependant, Peucestas et Sélencos, amis du Roi, tentent une démarche désespérée. Ils ont perdu confiance en leurs dieux, se rendent au sanctuaire d'un dieu babylonien, Mardouk, qui passe pour guérir.

— Faut-il transporter le roi dans ton temple ? interrogent-ils pleins d'angoisse.

L'oracle répond : « Qu'il reste où il est, il sera mieux. » Illuminés d'espoir, ils reviennent. Hélas ! De quel *mieux* s'agit-il ? D'un mieux définitif, de l'entrée dans un monde meilleur. Quelques heures après, le 13 juin 323, à la tombée du jour, Alexandre expire. Il avait trente-trois ans. Triste fin d'un prince qui a vingt fois défié sur les champs de bataille la mort glorieuse du héros.

Il semble qu'il n'ait jamais envisagé la mort, tant qu'il lui resta un peu de conscience, et surtout qu'il n'ait pas songé à assurer sa succession. Peut-être est-il vrai qu'il ait passé au doigt de son ami Perdiccas son anneau royal, mais il ne l'a pas autrement désigné comme son successeur.

Il ne laisse pas d'enfant. Un fils naîtra après la mort de son père. C'est le fils d'une Sogdienne, Roxane ; mais les Grecs ne veulent pas obéir à un sang-mêlé. L'empire d'Alexandre expire en même temps que son maître. Dans la dépouille du lion mort, les hyènes se taillent des proies.

TABLE DES MATIÈRES

POCKET *junior*

TOUT EST À VIVRE,
TOUT EST À LIRE

*Le plaisir de lire se goûte
de mille et une façons.
Les six thèmes de Pocket Junior
répondent à tous
les appétits de lecture.*

C'est ça la vie !

**Des romans qui ont des choses à dire
sur la grande aventure de la vie.**

C'est moi qui fais la cuisine
Judie Angell

*Quand on est un vrai cordon-bleu, quel job trouver pour les vacances ?
Faire la cuisine pour les autres ! C'est ainsi que Charlotte, quinze ans,
se lance avec succès dans le métier de traiteur.*

Le voyage de Mémé
Gil Ben Aych

*La famille de Simon quitte Paris pour s'installer en banlieue. Le pro-
blème, c'est Mémé qui arrive d'Algérie. Pour déménager, elle ne veut
prendre ni voiture, ni taxi, ni bus, ni métro, ni rien. Elle veut marcher,
c'est tout.*

Anibal
Anne Bragance

*Quand ses parents lui annoncent qu'ils vont adopter un petit Péruvien,
Edgar croit qu'ils blaguent. Mais Anibal débarque avec sa bouille
désarmante, ses crises d'asthme, et peu à peu Edgar craque. Ce petit
frère, il se met à l'aimer autant que les fleurs dont il a la passion. À la
fin de l'été, Edgar doit partir en pension. Être séparé d'Anibal ? Impossible. C'est la fugue.*

Le cri du loup
Melvin Burgess

*Ben a commis une grave erreur en révélant à un chasseur qu'il existait
encore des loups dans le sud de l'Angleterre. Car ce chasseur est un
fanatique, constamment à la recherche de proies inhabituelles. Très
vite, l'homme n'a plus qu'une idée en tête : exterminer les loups jusqu'au dernier.*

L'île des Chevaux
Eilis Dillon

On raconte que, sur l'île des Chevaux, des fantômes sortis de la mer ont fait périr tous ceux qui s'y sont aventurés. Malgré les avertissements, Pat et Danny débarquent sur l'île abandonnée...

Ana Laura Tango
Joachim Friedrich

Ana Laura est sûre d'avoir reconnu son père dans un taxi. Mais celui-ci est mort il y a tout juste deux ans. Serait-elle devenue folle ? Ana Laura n'a plus qu'une idée en tête : découvrir qui est cet homme.

Toufdepoil
La folle cavale de Toufdepoil
Claude Gutman

Sa maman partie, Bastien a dû apprendre à vivre seul avec son papa et Toufdepoil, son chien, son meilleur ami. Mais soudain tout est remis en question. Belle-Doche s'installe à la maison et déclare la guerre à Toufdepoil.

Pistolet-souvenir
Claude Gutman

Avec sa petite taille, ses vieux vêtements et ses piètres résultats scolaires, Petit-Pierre est devenu la brebis galeuse et le souffre-douleur de la 6e D. Mais le jour où il débarque dans la classe, le visage tuméfié, plus personne ne rit. Julien décide de l'aider.

Penalty
Michael Hardcastle

Frédéric, jeune gardien de but, fait des débuts prometteurs en 1re division. Mais un jour, tout bascule...

Les oiseaux de nuit
Tormod Haugen

Entre Sara qui raconte n'importe quoi, Julie et Tora qui le traitent de trouillard, Roger qui joue les gros bras et Papa qui déprime, Joakim est en permanence sur le qui-vive.

L'histoire d'Helen Keller
Lorena A. Hickok

Quel avenir peut avoir une petite fille de six ans, aveugle, sourde et muette ? Les parents d'Helen sont désespérés jusqu'au jour ou Ann Sullivan arrive chez eux pour tenter d'aider Helen à sortir de sa prison sans mots, ni couleurs ni sons.

La bille magique
Minfong Ho

Dix ans après, Dara se souvient. Elle a douze ans. Avec sa famille, elle fuit son village natal au Cambodge, ravagé par la guerre. Réfugiée dans un camp à la frontière thaïlandaise, elle se lie d'amitié avec Jantu, une fille de son âge, et la vie reprend ses droits. Mais les combats se rapprochent. Il faut repartir.

La longue route d'une Zingarina
Sandra Jayat

Stellina, quinze ans, ne peut accepter le mariage arrangé que lui im-pose la coutume tzigane. Choisissant la liberté, elle quitte sa tribu, un matin à l'aube.

Rasmus et le vagabond
Astrid Lindgren

Rasmus est malheureux à l'orphelinat, lui qui ne rêve que de liberté. Par un beau jour d'été, il décide de se sauver pour aller découvrir le monde et se chercher des parents.

La cavale irlandaise
Walter Macken

Pour échapper à la brutalité de leur tuteur, deux enfants traversent l'Irlande dans l'espoir de rejoindre leur grand-mère.

Tony et le goéland
Sue Mayfield

Il y a des hauts et des bas dans la vie de Tony. Parmi les événements heureux : le but qu'il a marqué au foot, le goéland blessé qu'il a recueilli et surtout Claire qui pourrait bien être amoureuse de lui. Du côté des choses tristes, il y a la longue maladie de sa mère.

Adieu, mes douze ans
Betty Miles

Annie et Pamela s'entendent parfaitement. Elles pensent que douze ans est un âge merveilleux. Mais bientôt elles perçoivent des petits change-ments dans la vie, autour d'elles.

Sans nom ni blason
Jacqueline Mirande

Nous sommes au Moyen Âge. Enfant trouvé dix-huit ans plus tôt, Guillaume semble avoir un destin tout tracé : serf du comte Bérard. Mais ce Bérard est une brute. Guillaume se révolte et doit alors s'enfuir. Sur sa route, il croise le mystérieux Bertrand. En sa compagnie, cette fuite devient vite une quête : Guillaume veut découvrir sa véritable identité.

Un regard dans la nuit
Un regard dans la ville
Judy Nunn

Jérémy est aveugle mais il possède un don qui lui permet de « voir » d'une étrange façon...

Cabot-Caboche
Daniel Pennac

Courageux, Le Chien ! Pas joli joli, mais un sacré cabot ! Comme il se bagarre pour vivre ! Ce qu'il cherche ? Une maîtresse. Une vraie, qui l'aime pour de bon. Pomme lui plaît beaucoup, au Chien. Un grand rire, des cheveux comme un soleil... Hélas, elle est tellement capricieuse ! Une vraie caboche, cette Pomme. Comment Le Chien va-t-il l'apprivoiser ?

L'œil du loup
Daniel Pennac

Dans un zoo, un enfant et un vieux loup borgne se fixent, œil dans l'œil. Toute la vie du loup défile au fond de son œil : une vie sauvage en Alaska, une espèce menacée par les hommes. L'œil de l'enfant raconte la vie d'un petit Africain qui a parcouru toute l'Afrique pour survivre, et qui possède un don précieux : celui de conter des histoires qui font rire et rêver...

La vie sans May
Cynthia Rylant

Pour Summer, douze ans, perdre May, celle qui a remplacé sa maman, est un événement très difficile à surmonter. Mais redonner le goût de la vie au vieil Ob, le mari de May, est encore plus difficile. Heureusement, elle est aidée par Cletus, un garçon de sa classe.

L'esclave du tapis
George Selden

Orphelin, Tim s'installe chez tante Lucie, qui se déclare allergique à son chien. Pour le garder, Tim s'en remet à la magie et convoque un Génie, enfermé dans une tapisserie.

Le chant de la baleine
Robert Siegel

Connaissez-vous la baleine à bosse ? De toutes ses cousines comme la bleue ou la blanche, c'est elle qui chante le mieux. C'est du moins ce que prétend Hruna, le baleineau poète. Il nous conte la merveilleuse histoire de son espèce, ses aventures en eaux profondes, ses amours avec la tendre Lewtë, et les combats des baleines contre leur plus redoutable ennemi, l'homme.

Le secret
Jacqueline Woodson

Marie a douze ans. Elle est noire. Sa famille vit dans l'aisance. Lena, elle aussi, a douze ans. Elle est blanche. Et pauvre. Au collège tout le monde la rejette. Sauf Marie. Une amitié profonde, faite de moments de bonheur, de complicité, de confidences. Mais les choses insoutenables que Lena finit par raconter à Marie sont-elles vraiment possibles ? A-t-on le droit de les tenir secrètes ?

Références

De grands auteurs et des classiques de la littérature.

Dans chaque volume, un supplément ENTRACTE réalisé par des enseignants, pour enrichir la lecture.

Les quatre filles du Docteur March
Louisa M. Alcott

Les aventures du capitaine Corcoran
Alfred Assollant

La nuit des temps
La planète des singes
Le pont de la rivière Kwaï
Pierre Boulle

Petite Princesse
Frances Hodgson Burnett

Les chasseurs de loups
Les chasseurs d'or
James Oliver Curwood

Les trois petits mousquetaires
Émile Desbeaux

La vallée de la peur
Arthur Conan Doyle

Pompéi (Anthologie)
A. Dumas, T. Gautier, G. de Nerval

Histoire d'un conscrit de 1813
Erckmann-Chatrian

Moonfleet
John Meade Falkner

Le meilleur des mondes
Aldous Huxley

Fortune carrée
Joseph Kessel

Le livre de la jungle
Le second livre de la jungle
Rudyard Kipling

L'enfant noir
Camara Laye

Belliou la Fumée
Michaël chien de cirque
Jack London

Les patins d'argent
Pierre Jules Stahl

Contes et légendes inachevés
Premier Âge
Deuxième Âge
Troisième Âge
J. R. R. Tolkien

MYTHOLOGIES

Des contes et légendes de tous les pays et de tous les temps.

Dans chaque volume, un supplément ENTRACTE réalisé par des enseignants, pour entrer dans la légende par le jeu.

Contes et légendes du temps d'Alexandre
Pierre Grimal

Le Premier Livre des Merveilles
Le Second Livre des Merveilles
Nathaniel Hawthorne

Contes et légendes de la Bible
1. Du jardin d'Éden à la Terre promise
2. Juges, rois et prophètes
Michèle Kahn

Contes berbères de Kabylie
Mouloud Mammeri

Contes et légendes de la naissance de Rome
Laura Orvieto

Légendes et récits de la Gaule et des Gaulois
Maguelonne Toussaint-Samat

La science-fiction, c'est le grand jeu de l'imaginaire.

Les Jeunes Chevaliers Jedi

1. Les enfants de la force
2. Les cadets de l'ombre
3. Génération perdue
   K. Anderson & R. Moesta

LES AVENTURIERS DU MONDE MAGIQUE

Les aventures de Simon Tregarth

1. L'arche du temps
2. La vallée dans l'ombre
3. L'année de la licorne
4. Les montagnes de l'oubli
5. Kemoc le Prodigieux
   Andre Norton

Les rescapés du futur
Carol Matas

Comment Rébecca aurait-elle pu imaginer qu'en voulant sauver son ami Thomas, elle se retrouverait avec lui et d'autres enfants projetée en 2040 ? L'incroyable est pourtant arrivé... Les enfants sont prisonniers d'un monde souterrain, épargné par la guerre nucléaire qui a anéanti la Terre des années auparavant. Que vont-ils faire ?

Les naufragés du temps
Carol Matas

Rébecca suit deux mystérieux adolescents dans un parc et se retrouve projetée dans le futur, en 2060. Le monde est dirigé par une multinationale, Zanu, qui garantit la paix et la prospérité, mais prive les hommes de toute liberté individuelle. Avec Tara, sa nouvelle amie, Rébecca entre dans la résistance...

La prisonnière du lendemain
Carol Matas

Rébecca est de retour de l'an 2060. Mais la machine de transfert temporel a été mal programmée : elle est revenue sur terre huit jours avant d'être partie. Du coup, elle existe en deux exemplaires. Que faire de ce double d'elle-même ? Et comment profiter de ce décalage pour changer le cours des choses ?

FRISSONS

Du polar au fantastique en passant par le suspense…
Cœurs sensibles s'abstenir !

Le voleur d'éternité
Clive Barker

C'est une maison extraordinaire où chaque jour est une fête. Tout y est magnifique, mais il ne faut pas chercher à s'en évader car, alors, le rêve se transforme en un terrifiant cauchemar. (Grand Prix de l'Imaginaire 1994.)

La solitude du buveur de sang
Annette Curtis Klause

Jamais Zoé ne s'est sentie aussi seule et désemparée. Sa mère agonise à l'hôpital et l'amie à qui elle pourrait se confier vient de déménager. Un soir, elle rencontre l'étrange Simon…

La fiancée de Frankenstein
Carl Dreadstone

Reprenant ses expériences, le baron Frankenstein donne une compagne à sa créature.

L'appel des loups
Bebe Faas Rice

Leur pays, c'est l'hiver. Le froid, la peur et les légendes. Et aussi les loups qui, dit-on, reviennent tous les treize ans dans le village. La dernière fois, Thérèse n'était pas encore née. Aujourd'hui, dans le blizzard, elle entend leurs hurlements.

Les enfants de Frankenstein. Livre 1. La création
Les enfants de Frankenstein. Livre 2. La revanche
Les enfants de Frankenstein. Livre 3. La malédiction
Richard Pierce

À la mort de Josh, le garçon qu'elle aime, Sara voit s'effondrer ses rêves. Pour elle tout est fini. À moins qu'elle n'ose tenter l'inconcevable : défier les lois de la nature en essayant de ressusciter son ami.

La falaise maudite
Christopher Pike

Sharon est accusée d'avoir tué sa meilleure amie. Certes, on n'a pas retrouvé le corps. Certes, les trois témoins n'ont rien vu. Ils n'ont fait qu'entendre une dispute, suivie d'un cri. Le cri de quelqu'un qu'on vient de pousser du haut d'une falaise... Sharon est innocente, mais personne ne la croit. (Grand Prix de l'Imaginaire 1995.)

Souvenez-vous de moi
Christopher Pike

La police croyait à un accident. Mais pour Shari, il ne pouvait s'agir que d'un meurtre. Elle était bien placée pour le savoir, c'était elle la victime !

Messages de l'au-delà
S.P. Somtow

Ben et J.J. étaient aussi proches que deux frères peuvent l'être. Jusqu'au suicide de Ben. J.J. se refuse à croire à la mort de son frère. Pour lui, il a dû partir vivre ailleurs et bientôt il lui fera signe.

La baby-sitter
R.L. Stine

Jenny n'aurait jamais dû accepter de garder le petit Donny, surtout dans cette grande maison isolée qui semble sortie tout droit d'un film d'épouvante.

La pierre rouge
Hanne Marie Svendsen

Chanda n'est pas un magicien de cirque ordinaire. Il exerce un étrange pouvoir sur les rats. Et Marie sait qu'il est responsable de l'accident qui a condamné son cousin Kersten au fauteuil roulant.

Par une nuit d'avril
Richie Tankersley Cusik

Bien sûr, ils n'étaient pas vraiment responsables de ce terrible accident. Ils n'en avaient été que les témoins. Mais Belinda ne peut s'empêcher de se sentir coupable. Jamais ils n'auraient dû s'enfuir ! Et si on les avait vus ?

CINÉMA

*Du grand écran au format de poche, pour retrouver
vos héros préférés. Avec en plus une surprise :
des photos du film en couleurs !*

Le secret de Roan Inish
Rosalie Fry

*Fiona vient vivre chez ses grands-parents, sur la côte ouest irlandaise.
Trois ans auparavant, son petit frère, Jamie, a disparu, emporté dans
son berceau par la mer. Fiona veut croire qu'il vit encore.*

Alaska
Frank Lauria

*Un soir de tempête, l'avion de Jake Barnes, pilote en Alaska, est porté
disparu. Tous ont perdu l'espoir de le retrouver, sauf Jessie et Sean, ses
enfants. Convaincus que leur père est vivant, ils se lancent à sa recherche.*

Casper
Lisa Rojany

*Casper, gentil petit fantôme, et ses trois oncles, Crado, Bouffi et Tei-
gneux, hantent les murs de Whipstaff. Mais les nouveaux propriétaires,
à la recherche d'un trésor, sont prêts à démolir le manoir.*

Jumanji, l'aventure
XXX

*Bienvenue dans le monde de Jumanji ! A priori, ce n'est qu'un simple
jeu de société. En fait, c'est un piège. Une porte sur un monde hostile
mais fascinant, une jungle peuplée d'animaux sauvages et terrifiants.*

L'envolée sauvage
XXX

*À la mort de sa mère, Amy, treize ans, vient vivre au Canada chez son
père, un ingénieur-bricoleur un peu fou. Elle se sent très seule, jusqu'au
jour où elle prend sous sa protection seize petites oies sauvages.*